10대 중국 과학자 총서
十大中國科學家叢書
첸쉐썬 전기
錢學森傳

Copyright©Henan Literature and Art
Publishing House Co.,Ltd
Originally published by Henan Literature and Art Publishing
House Co., Ltd.
This edition is published by arrangement with YOUKRACK
PUBLISHING CO.

10대 중국 과학자 총서(十大中國科學家叢書)

첸쉐썬 전기

錢學森傳

둥쑤핑童苏平 싱웨이웨이邢娓娓 지음
신선옥申先玉 장문등张文腾 이청신李清新 외 옮김

역락

머리말

한국어 판본 『첸쉐썬 전기』는 童苏平과 邢妮妮가 편찬한 『錢學森传』(河南文艺出版社, 2017)을 저본으로 하여 번역한 것이다.

『첸쉐썬 전기』는 중국의 미사일 연구와 우주개발을 이끈 세계적인 과학자 첸쉐썬의 일생을 기록하였다. 첸쉐썬은 1955년 귀국하여 중국 국방부의 전략 미사일 개발 프로그램에 참여했다. 이후 그는 중국의 미사일 개발과 항공학 연구를 주도해 1964년 중국의 첫 핵실험과 1970년 지구위성 발사 등에 성과를 올렸다. 역경 속에서 이렇듯 비범한 성과를 이룬 첸쉐썬에 대하여 이 전기는 생생하게 전하고 있다. 또한 독자들은 이 전기를 통하여 어린 시절에서 미국 유학 시절에 이르기까지, 그리고 미국에서 조국의 품으로 돌아오기까지, 첸쉐썬이 걸어온 굴곡적이면서 빛나는 인생을 읽을 수 있을 것이다.

한국어 판본 『첸쉐썬 전기』는 천진사범대학교 한국어학과 2020학번 학생들의 졸업 작품을 바탕으로 수정하여 편찬한 것이다. 한국어학과 교수님들의 지도하에 张文腾, 李清新, 李雨欣, 王禹骁, 安彤彤, 郭慧琪, 景若鑫, 王梓, 封喻博, 李羽佳, 白洁, 王卓恬, 崔爽, 丁香, 林延红, 刘杰, 刘文雅, 裴嘉琪, 邵钰珊, 杨榕娜, 张晋丽, 高巾钫 등 학생들이 완역하였다. 이 학생들 중 张文腾과 李清新은 2024년 하반기에 동대학교 대학원 한국어번역학과에 진학한 대학원생으로 신선옥 교수와 함께 이번 한국어 판본의 수정과 편집에도 참여했다. 김장선 교수가 한국어 번역 및 출판을 기획하고 번역 감수를 맡았다.

이번에 출판하게 되는 한국어 판본 『첸쉐썬 전기』는 천진사범대학교 한국어학과의 위인전기 번역 프로젝트로서 학생들이 번역 주체가 되어 완성한 성과이다. 미숙한 점이 많겠지만 한국어번역 전공자들에게는 학습하고 연구할 수 있는 좋은 텍스트가 될 수 있기를 바란다.

차례

제1장 •09
1. 평범한 아이 •09
2. 좋은 시절을 만나지 못한 아쉬움 •11
3. 신비로운 서재 •13
4. 매를 맞은 첫 경험 •16

제2장 •18
1. 작은 물음표 •18
2. 장난기 많은 아이 •22

제3장 •26
1. 노아 방주 •26
2. 마음의 터치 •28
3. 유혹 •31
4. "무엇을 위해 공부해야 하는가?" •34

제4장 •38
1. 가로등 밑 '샤오베이징' •38
2. 찻집 일화 •47
3. 아버지를 위하여 •52
4. '조기 연애' 풍파 •56

제5장 • 61
1. 해외 유학 • 61
2. 캠퍼스 안의 중국 청년 • 66
3. 선택 • 69
4. 은사님과의 만남 • 74
5. 로켓의 매력 • 84
6. 전쟁의 수요 • 89
7. 사랑 • 96

제6장 • 102
1. 구속 • 102
2. 공포의 감옥 • 109
3. 『엔지니어링 사이버네틱스론(Engineering Cybernetics)』 • 114
4. 특별한 가서 • 120
5. 미국이여, 안녕 • 124

제7장 • 128
1. 조국의 품으로 • 128
2. 꿈이 현실로 • 135

제8장 • 140
1. 진정한 영웅 • 140
2. 동화가 아닌 현실 • 144

제9장 • 155
1. 붉은 석양 • 155
2. 진정한 행복 • 160

제1장

어린 첸쉐썬(錢學森)은 아버지의 서재에서 은은한 책 향기를 맡으며 여태껏 느껴 보지 못했던 고요함과 편안함을 찾을 수 있었다. 서재에 들어서기만 하면 첸쉐썬은 들떴던 마음이 금세 차분해진다는 것을 느꼈다.

1. 평범한 아이

1911년 12월 11일 중국 상하이에서 한 아이가 태어났다. 아버지는 자신의 첫째 아이의 이름을 첸쉐썬이라고 지었다. 이 아이가 훗날 세계적으로 유명한 로켓 전문가가 된 것이다.

이 아이는 매우 평범한 아이이다. 이름도 매우 평범해 보인다. 중국인들은 일반적으로 자신이 이루지 못한 소원을 아이에게 기탁한다. 첸쉐썬의 아버지도 예외는 아니었는데 그는 자신의 아들이 지식의 숲을 잘 헤쳐 나가 지식의 부자가 되기를 바라는 마음에서 아들에게 쉐썬이라는 이름을 지어 주었다.

첸쉐썬의 아버지 첸쥔푸(錢均夫)는 중국 구시대의 지식인으로서 서원에서 학생들을 가르쳤다. 사람됨이 바람직하고 처세가 꼼꼼해서 서원에서는 엄한 스승으로 불렸다. 다른 사람 앞에서 첸쥔푸는 항상 무뚝뚝하고 냉정하였지만 아들 앞에서만큼은 늘 인자하였고 모든 사랑을 아들에게 주었다. 그는 첸쉐썬이 갓 태어났을 때 밤새도록 침대 옆에 앉아 아들을 위해 부드럽게 시를 낭송하면서, 아들의 귀엽고 작은 얼굴을 바라보곤 했다. 교사로서 문학적 수양이 뛰어난 첸쥔푸가 시를 읊을 때면 그 소리는 감미롭고 감정이 살아 있어 듣기 좋은 세레나데를 방불케 했다.

"이것 좀 봐, 녀석이 듣고 있구만."

첸쥔푸는 자랑스럽게 자신의 아내에게 말을 건넸다.

어린 첸쉐썬은 아버지의 시 낭송에 정말 빠진 듯이 반짝거리는 까만 눈동자로 아버지를 신기한 듯 쳐다봤다. 작은 입을 오물거리는 것이 마치 아버지처럼 한 편의 시를 낭송하고 싶어하는 듯 했다.

한편 첸쉐썬의 어머니는 옆 의자에 앉아서 바느질을 하며 웃음 어린 눈으로 남편과 아들을 바라보곤 했다.

"아이가 알아들으면 좋을 텐데, 아직 몇 달밖에 안 됐어요." 첸쥔푸의 말에 아내는 차분하게 대답했다.

첸쉐썬의 어머니는 중국 구시대의 전통 여성으로 언제나 온화하게 말을 하곤 했다. 그녀의 말투는 하늘의 한 조각구름처럼 늘 순결하고 숭고하였다. 이 중산층 가정은 바로 이런 조용하고 화기애애한 분위기 속에서 그들만의 저녁 시간을 즐기곤 했다. 첸쥔푸는 저녁이 되면 낮에 있었던 번거로운 일들을 훌훌 다 털어버리고 생명의 기운을 느끼며 따뜻한 행복에 젖어 있었다. 그들은 모처럼 찾은 평화를 몹시 소중히 여겼다. 왜냐하면 이미 전쟁이 시작되었기 때문이다.

2. 좋은 시절을 만나지 못한 아쉬움

그 당시 상하이는 중국에서 가장 큰 도시로서 아름답기로 유명했는데 부상당한 병사와 무서운 총포로 인해 그 아름다움에 금이 가기 시작했다.

첸쒜썬이 태어나기 얼마 전에 중국에서는 큰 정치적인 변동이 일어났다. 쑨원(孫文)이 이끄는 신해혁명이(辛亥革命) 한창이었던 것이다. 병사들이 거리를 돌아다니면서 큰 소리로 구호를 외쳤다. 그들은 어깨에 눈이 부실 정도로 빛나는 총과 검을 메고 있었다.

당시 첸쒜썬의 가족은 고풍스러운 교회식 아파트에서 살고 있었다. 이곳은 첸쒜썬의 할아버지가 첸쥔푸에게 물려준 유일한 재산이다. 첸쒜썬은 종종 어머니의 품에 안겨 베란다에서 햇볕을 쬐곤 했다. 따스한 햇살이 그의 얼굴을 비추고 귀여운 새가 그의 머리 위를 맴돌 때면 이 모든 것은 첸쒜썬을 흥분시켰다. 첸쒜썬은 깔깔거리며 포동포동한 손으로 새를 향해 손짓하며 즐거운 시간을 보냈다. 반면에 어머니는 우수가 어린 표정으로 거리에서 순찰하고 있는 병사들을 바라보며 눈살을 찌푸렸다.

어머니는 왜 기분이 안 좋을까? 첸쒜썬은 어린 나이지만 근심이 가득한 어머니의 얼굴을 보고 두려움을 느꼈다.

하지만 첸쒜썬은 다른 비밀을 알게 됐다. 아버지가 집에 계실 때 어머니는 늘 기분이 좋아 항상 웃으신다는 것을. 아버지는 학교에서 벌어진 재미있는 일을 어머니에게 들려주곤 했는데 그때마다 어머니는 웃음을 멈추지 못했다. 게다가 아버지는 첸쒜썬이랑 같이 놀아 줄 때도 많았다. 가족끼리 "기차 운전"이라는 놀이를 할 때 첸쒜썬은 가장 기뻤다.

가족들이 의자를 일렬로 놓고 첸쒜썬은 앞에, 어머니와 아버지는 뒤에 앉는다. 첸쒜썬은 기차의 검사원이 되어 의기양양하게 먼저 어머니와 아버지의 짐과 차표를 검사한다. 그 후에 "기차"의 정문으로 뛰어들어 기차 기사가 된다. "칙칙폭폭……" 가족이 기차를 타고 출발한다. 이렇게 가족끼리 웃고 떠들고 할 때면 첸쉐썬은 얼마나 기뻤는지 모른다. 그는 아버지가 누구와도 비길 수 없을 만큼 세상에서 가장 좋은 사람이라고 생각했다.

첸쉐썬이 아버지에게 푹 빠지게 된 또 하나의 이유는 아버지가 들려주는 이야기가 너무 재미있기 때문이다. 아버지는 이야기를 정말 많이 알고 있었다. 그 아름답고 기이한 이야기들을 어딘가에 숨겨 두었다가 첸쉐썬이 이야기를 듣고 싶어 할 때 그것들을 꺼내 들려주는 것 같았다.

아버지는 그 많은 이야기들을 어디에서 어떻게 알게 되었을까? 첸쉐썬은 아버지가 정말 존경스러웠다.

어린 첸쉐썬은 이해가 안 되어서 어머니에게 아직 서툰 상하이말로 물었다.

"아빠 많이 해 이야기……"

그때 어머니는 일손을 멈추고 애처롭게 첸쉐썬을 무릎 위에 앉히고는 그의 이마에 맺힌 땀을 닦아 주면서 불그스름한 그의 작은 얼굴에 입맞췄다.

"귀여운 우리 아가야."

첸쥔푸는 허허 웃으며 아내의 품에 안겨 있는 첸쉐썬을 한 손으로 안아 자신의 무릎에 세웠다. 키가 작았던 어린 쉐썬은 어느새 아버지의 상체 길이만큼 자랐다.

"알고 싶어?" 아버지는 일부러 첸쉐썬을 놀렸다.

"네!" 귀여운 첸쉐썬은 두 눈을 크게 뜨고 작은 두 손으로 아버지의 어깨를 붙잡고는 "빨리 빨리 말해 주세요."라고 애원했다.

"좋아. 아빠가 말해 줄게. 아빠의 서재에 수염을 하얗게 기른 노인이 있어. 그 노인은 매일 아빠에게 이야기를 하나씩 들려주곤 하지. 아빠는 그 노인한

테서 재미있는 이야기를 많이 듣거든. 방금 들은 이야기를 하나 해 줄까?"

첸쉐썬은 아버지의 이 말을 듣고는 매우 기뻐했다. 그는 아버지의 무릎에 앉아 이야기를 들을 준비를 했다. 그는 아버지가 들려주는 이야기를 들을 때 가장 행복했다. 그 아름다운 이야기들은 종종 끼니마저 잊어버리게 하고, 잠자는 것도 잊도록 했다. 넋을 잃고 이야기를 듣고 있는 첸쉐썬의 모습은 정말 귀여웠다.

첸쉐썬은 말을 배우기 시작한 후부터 아버지의 서재에 관심을 갖게 되었다. 그 흰 수염 노인, 그 많은 아름다운 이야기……그에게 있어서 아버지의 서재는 신비로운 존재였고 그의 호기심을 자극했다.

가정의 따뜻함과 즐거움은 바깥 전쟁의 그림자를 희미하게 씻어냈다. 매일 총소리와 폭탄 소리가 들리곤 했지만 이 작은 보금자리는 항상 평화롭고 고요했다. 첸쉐썬은 이 따뜻한 가정에서 즐겁게 성장하고 있었다.

3. 신비로운 서재

첸쉐썬이 세 살이 되던 해, 그의 아버지는 베이징으로 일자리를 옮기게 되었다. 첸쉐썬도 부모님을 따라 그 고풍스럽고 신비로운 도시로 가게 되었다.

기차를 탄 첸쉐썬에게 펼쳐진 광경은 푸른 산, 맑은 물, 푸른 하늘과 흰 구름 아래 아름다운 대평원이었다. 첸쉐썬은 차창 밖의 아름다운 경치에 매혹됐다. 그는 자신의 고향 말고는 이 세상에 이렇게 아름다운 경치가 있는 줄 몰랐다.

그는 매우 기뻐했다. 활기가 넘치는 새처럼 재잘거리며 때로는 앞으로, 때로는 뒤로 뛰어다녔다. 어린 쉐썬은 그 시각 부모님 마음이 얼마나 괴로웠는지 짐작할 수가 없었다.

사실 전란으로 인해 아버지가 다니던 상하이 서원은 어쩔 수 없이 문을 닫았고 아버지는 직장을 잃은 것이다. 하는 수 없이 베이징의 한 친구에게 부탁하여 일자리를 구했다. 그래서 첸쉐썬 가족은 어쩔 수 없이 머나먼 여정임에도 불구하고 베이징으로 향하게 된 것이다.

이것도 아들을 위한 선택이었다. 첸쥔푸는 책임감이 강한 아버지이다. 상하이는 갈수록 혼란스러워지고 아들은 하루가 다르게 성장하고 있었다. 첸쥔푸는 아들이 불안정한 환경에서 자라게 할 수는 없었다. 아버지로서 아들이 성년이 될 때까지 아들을 보호해야 할 의무가 있었다. 첸쥔푸는 아들에게 안정적이고 행복한 집을 마련해 줄 책임이 있다고 생각한 것이다.

베이징도 몹시 위태로웠지만 상하이보다는 상대적으로 안전했다. 그리고 베이징에 좋은 학교가 있다는 것이 첸쥔푸의 가장 큰 관심사였다.

베이징으로 이사한 후, 첸쥔푸는 유치원 근처에서 새 집을 구했다. 첸쉐썬이 유치원에 들어갈 나이가 되었기 때문이었다. 장난기가 많은 첸쉐썬은 유치원의 그 작은 정원을 매우 두려워했다. 그런데도 아버지는 그를 그 안으로 들여보냈다.

유치원에 갈 때마다 첸쉐썬은 부모님과 떨어져야 하는 고통을 겪어야 했다. 유치원에서 집으로 향하는 길에 강철로 만든 쇠 난간이 가로막고 있었는데 첸쉐썬은 이 장애물을 몹시 싫어했다.

첸쉐썬은 "유치원에 가기 싫어요."라고 부모님께 항의를 해 봤지만 아무 소용이 없었다. 첸쉐썬이 아무리 불쌍하게 울어도 부모님은 예외 없이 그를 유치원에 보내곤 했다.

유치원에는 아이들이 정말 많았고 그 아이들은 항상 울곤 했다. 한 명이 울면 다른 아이들도 덩달아 울었다. 유치원 선생님들은 분주히 뛰어다니며

우는 아이들을 목이 쉬도록 달래었지만 소용이 없었다.

쳰쉐썬은 이런 환경을 좋아하지 않았다. 그는 항상 두 손으로 작은 귀를 막고 까만 눈동자로 여기저기 둘러보곤 했다. 그는 정말 부모님이 이 떠들썩한 곳에서 자신을 구해 주기를 간절히 바랐다.

한 번은 선생님이 울고 있는 아이를 달래고 있었다. 이 틈을 타 쳰쉐썬은 양손으로 철제 난간을 잡고 그 위를 몸으로 지루하게 비비고 있었다. 힘이 좀 들어갔는지 그의 작은 몸이 갑자기 난간 밖으로 빠져나갔다.

좋네! 앞이 바로 집이구나! 쳰쉐썬은 매우 기뻐했다. 집 문이 귀엽게 보이면서 어머니의 따뜻한 품으로 느껴졌고 문 입구에 놓인 꽃도 그에게 손짓하고 있는 것 같았다.

쳰쉐썬은 후다닥 집으로 달려갔다.

하지만 이렇게 도망치면 대가를 치러야 했다. 선생님들은 다른 아이들보다 머리가 좀 큰 어린 쳰쉐썬을 주의하기 시작했다. 선생님은 쳰쉐썬에게 벌을 주기 위해서 그더러 가장 어려운 동요와 수공 작업을 배우게 했다. 그런데 무엇을 배우든지 쳰쉐썬은 항상 가장 먼저 손을 들고 상하이 억양이 담긴 표준어로 자랑스럽게 "선생님, 저 다 했어요!"라고 외치곤 했다.

유치원 친구들은 그를 매우 부러워했다. 숙제를 다 하면 밖에 나가서 놀이를 할 수 있었기 때문이다. 그리고 희한하게도 가장 많이 노는 쳰쉐썬이 항상 1등을 한다는 것이었다.

쳰쉐썬도 자신이 이상하다고 생각했다. 그런 것들은 그에게 너무 간단했기 때문이다. 선생님이 가르치는 것들을 1분도 안 되어 쳰쉐썬은 다 습득할 수 있었다. 그는 거의 어린이들의 영웅이 되었으며 아이들은 자연히 그의 말을 잘 따랐다.

친구들이 자신을 숭배하는 이 분위기를 쳰쉐썬은 즐기고 있었다. 그는 전쟁을, 부상당한 병사들을 거의 잊었다. 놀이를 하고 있을 때 거리에서 들려오는 구호소리는 아이들에게 공포를 가져다주었다.

아이들은 분노가 가득 찬 목소리를 들은 후 문 쪽으로 달려가 호기심 어린 눈으로 밖을 내다보며 속닥거렸다. 그러면 선생님들은 몹시 긴장해 하며 아이들을 교실로 데리고 간 후 허겁지겁 문을 닫곤 했다. 그리고는 "더 이상 밖을 내다보지 마!"라고 아이들에게 경고까지 했다.

선생님의 엄격한 태도와 경고는 첸쉐썬을 더욱 공포에 떨게 했다. 총을 메고, 구호를 외치며 머리에 흰 붕대를 감은 낯선 삼촌들이 무엇을 하고 있는지 첸쉐썬은 몰랐다. 의문과 공포가 그의 마음을 가득 채웠다.

4. 매를 맞은 첫 경험

첸쉐썬은 베이징의 새 집에서 즐거운 추억들을 많이 쌓았다. 그에게 있어서 가장 즐거운 일은 아버지로부터 서재 출입을 허락받은 것이다. 어린 첸쉐썬은 아버지의 서재에서 은은한 책 향기를 맡으며 여태껏 느껴 보지 못했던 고요함과 편안함을 찾을 수 있었다. 서재에 들어서기만 하면 첸쉐썬은 자신의 들떴던 마음이 금세 차분해진다는 것을 느꼈다.

서재는 첸쉐썬에게 평안을 가져다주었다. 그는 늘 아버지의 서재에 숨어 이리저리 만지작거리곤 했는데 손에 넣을 수 있는 것은 모조리 눈앞에 갖다 놓고 열심히 뒤적거리면서 아버지의 모습을 따라 뒷짐을 지고 머리를 흔들며 한바탕 중얼거렸다.

아버지는 독서에 몰두하는 첸쉐썬의 모습을 여러 번 봤고 갈망과 동경으로 가득 찬 그의 눈빛도 느꼈다.

책임의 중압감을 느낀 첸쥔푸는 아들을 도와 희망의 문을 두드리기로 했다. 이때부터 첸 씨네 서재에는 꼬맹이 한 명이 늘었다. 아버지와 아들의 즐거운 독서 소리가 늦은 밤에는 저녁노을을 동반하고, 이른 새벽에는 아침 햇살과 함께 첸 씨네 집에 울러 퍼졌다. 따뜻한 기운이 작은 서재를 감쌌다.

첸쉐썬은 너무 기뻤다. 아버지의 서재에 들어서기만 하면 마치 거대한 마술의 세계에 들어선 것 같았다. 그 사랑스러운 이야기들, 아름다운 전설들, 간담이 서늘한 역사 전쟁…… 이 모든 것이 어린 첸쉐썬의 마음을 사로잡았다.

그는 아버지가 너무 부러웠다. 아버지로부터 그는 지동의 발명가 장헝(張衡), 전등을 발명한 에디슨(Thomas Alva Edison), 그리고 그 많은 위대하고 아름다운 중국 고전 시가에 대해 배웠다.

이렇게 첸쉐썬은 책의 세계에 푹 빠져 있었다. 한편 유치원에서 배우는 수학을 멀리하여 아버지를 노하게 했다.

첸쉐썬은 처음으로 아버지에게 매를 맞았다.

아버지는 첸쉐썬에게 공부를 제대로 하지 않으면 그의 서재에 들어가지 말라고 했다. 이것은 엄중한 처벌이었다. 어린 첸쉐썬은 아버지의 처벌에 충격을 받고 엄마 품에 엎드려 한참을 울었다. 자신을 끔찍이 아끼던 아버지가 갑자기 이렇게 무섭게 변하리라고는 생각하지 못한 것이다. 하지만 그때부터 첸쉐썬은 유치원에서 공부를 잘하는 것이 서재에 다시 들어갈 수 있는 입장권이라는 것도 알게 되었다.

어린 첸쉐썬은 지식에 대하여 경외심을 잃지 않고 조금씩 지식을 쌓아 나가기 시작했다.

제2장

첸쉐썬은 환상의 왕국에 푹 빠졌다. 신비로운 하늘에 담긴 신기한 전설들, 첸쉐썬은 그곳이 매혹적이고 아름다운 세계일 것이라고 상상했다.

1. 작은 물음표

봄이 가고 여름이 찾아오면서 시간은 빨리도 흘러갔다. 눈 깜짝할 사이에 첸쉐썬은 초등학교에 입학할 나이가 되었다.

첸쉐썬의 부모님은 신중히 생각한 끝에 첸쉐썬을 당시 베이징에서 매우 유명한 학교인 베이징여자사범대학(北京女子師範大學) 부속초등학교에 보내기로 결정하였다. 그런데 사정이 생겨서 첸쉐썬은 베이징사범대학교(北京師範大學) 부속초등학교에 입학하게 되었다.

초등학교에 들어간 첸쉐썬은 열심히 공부하였다. 그는 똑똑하고 장난기가 많았으며 발랄하고 사랑스러웠다. 이런 성격 때문에 그는 학교에서 금세 유명해졌다.

선생님과 학생들은 큰 이마에 밝은 눈을 가진 어린 소년이 골똘히 무언가를 사고하거나 또는 책을 뒤적거리다가 공책에 그림을 그리거나 수업시간에 선생님도 이해하기 어려운 질문을 하는 장면을 자주 볼 수 있었다. 이 소년은 "바람은 어떻게 만들어집니까?" "나뭇잎이 왜 노랗게 변하지요?" "잔디는 왜 바위틈에서도 자랄까요?" "물고기의 눈은 왜 늘 떠져 있나요?" 등등 예측하기 어려운 질문을 하곤 했다.

선생님들은 그의 질문에 쉽게 대답할 수 없었다. 이로 인해 첸쉐썬은 "작은 물음표"라는 별명을 얻게 되었다.

비록 이런 질문들이 귀찮았지만 학교 선생님들은 "왜?"라고 자주 질문하는 이 꼬마를 좋아했다. 한 번은 국어시간에 선생님이 강의를 하고 있는데 첸쉐썬이 갑자기 손을 들었다. 선생님이 그에게 질문을 할 수 있다는 신호를 보내자 첸쉐썬은 큰소리로 "선생님, 작은 새에 기계가 장착되어 있습니까?"라고 물었다.

첸쉐썬의 질문에 놀란 선생님은 용모가 수려하고 두 눈을 반짝이고 있는 이 소년을 한참이나 바라보았다. 선생님은 첸쉐썬의 질문이 이상하다고 생각했고 어떻게 대답해야 할지 몰라 "왜 이런 의문을 갖고 있지요?"라고 반문했다.

그러자 첸쉐썬은 "새는 왜 날까요? 우리는 왜 날 수 없습니까? 그 날개 안에는 반드시 날 수 있는 기계가 있을 거예요. 마치 사람보다 빨리 달리는 기차에 기계가 달려 있는 것처럼요."라고 말하는 것이었다.

이 말에 반급 학생들은 깔깔 웃어 냈다. 신생님도 왜 그러냐고 묻는 이 아이 때문에 웃고야 말았다. 얼마나 머리를 잘 쓰는 아이인가? 그 후로 이 국어 선생님은 첸쉐썬을 눈여겨보기 시작했다.

수업이 끝나자 학생들은 우르르 교실 밖으로 뛰어 나갔다. 첸쉐썬도 그 사이에 끼어 있었다.

예닐곱 살밖에 안 되는 아이들에게 있어서 그때의 사범대학 부속초등학교는 무릉도원이었고 안일한 공간이었다. 아이들은 정권이니 혁명이니 떠드는 세상일에 관심이 없었다. 그들은 그저 재미있는 놀이로 하루를 보내는 데 정신이 없었다.

사범대학 부속초등학교의 남학생들에게 있어서 가장 재미있는 놀이는 다트 던지기였다.

그중 첸쉐썬은 다트를 던지는 고수였다.

다트는 종이를 접어서 만든 것이다. 어린 학생들은 다 사용한 숙제책을 모아 그 종이로 다트를 접었다.

중간 휴식 시간이 되면 바로 다트 던지기 경기가 시작되곤 했다.

이 놀이는 사실 아주 간단하여 모든 사람이 다 할 수 있는 유희이다. 그렇다고 모든 사람이 다 잘 하는 것은 아니다. 학교에서 친구들과 다트를 겨룰 때마다 첸쉐썬은 항상 가장 멀리, 가장 정확하게 던졌다.

"아, 또 이겼네!" 첸쉐썬의 천진난만한 작은 얼굴은 흥분과 기쁨으로 붉게 상기되었다.

"안 돼, 다시 한 번." 불복하는 친구들도 있었다.

"그래, 또 하자, 어차피 내가 이길 건데 뭐." 첸쉐썬도 지지 않았다.

결과는 역시 첸쉐썬의 승리로 끝나곤 했다.

친구들은 왜 늘 첸쉐썬이 이기는지, 첸쉐썬보다 힘이 더 센 자신들이 왜 늘 지는지 궁금했다. 얌전한 첸쉐썬이 힘이 세다니! 정말 의아했다.

사실 첸쉐썬이 힘이 센 게 아니라 그가 접은 다트가 남달랐다. 다트 놀이를 할 때 그는 매번 신경을 써 다트를 각지게 접었다. 이렇게 접어야만 다트가 더 멀리 날아갈 수 있다고 생각한 것이다.

이 경기를 쭉 지켜보고 있던 한 쌍의 눈이 있었으니 바로 그 국어 선생님이었다. "따르릉" 수업 종소리가 울리자 학생들은 서둘러 다트를 정리하고 교실로 몰려들었다.

 첸쉐썬이 교실 문에 발을 들여 놓았을 때, 금방 전 경기에서 진 학생이 다리를 쭉 뻗어서 첸쉐썬의 발을 걸었다. 꽈당하는 소리와 함께 첸쉐센은 넘어졌다. 하필이면 그 국어 선생님 앞에 엎어졌고 손에 쥐고 있던 다트도 훌 날아갔다. 학생들은 깔깔거렸다. 첸쉐썬은 수줍은 듯 얼굴을 붉히며 서둘러 일어나 다트를 주울 겨를도 없이 자기 자리로 돌아갔다. 그는 선생님이 자신을 꾸짖을까 봐 내심 두려워했다.

 그런데 의외로 선생님은 그를 꾸짖지 않았다. 선생님은 바닥에 있는 다트를 주워 자세히 보고는 교실을 한 번 둘러보았을 뿐이었다.

 "여러분!" 선생님이 입을 열었다. "경기는 일종의 경쟁 방식이며 사람의 수준을 점검하는 수단일 뿐입니다. 졌다고 해서 다른 사람을 원망해서는 안 됩니다. 그건 잘못된 것입니다. 스스로 문제를 찾아야 합니다. 그렇지 않습니까?"

 "그렇습니다!"

 "그런데 아까 어떤 학생이 실수를 하더군요. 이긴 친구에게 그릇된 방식으로 보복하는 행위는 바람직하지 않아요. 아까 휴식 시간에 남학생들이 다트 놀이하는 것을 지켜봤는데요." 선생님은 종이 다트를 들어 보이며 "여러분은 왜 항상 첸쉐썬이 이기는지 압니까?" 라고 학생들에게 물었다.

 교실 안은 쥐 죽은 듯 조용했다. 첸쉐썬은 부끄러워 귀가 뻘개졌으며 고개를 푹 숙이고 있었다. 선생님은 말을 이었다. "여러분, 이 다트를 보세요. 얼마나 가지런하게 접었는지요. 이것이 바로 첸쉐썬이 항상 가장 멀리 다트를 던지는 이유입니다. 첸쉐썬!"

 "네!" 첸쉐썬은 선생님이 자신의 이름을 부르자 즉시 일어섰다.

 "왜 이렇게 반듯하게 접었는지 그 이유를 설명해주세요."

"저는……" 첸쉐썬은 실수를 한 아이처럼 부끄러워했다. "이렇게 접으면 다트가 멀리 날아가는 것 같아요."

첸쉐썬도 그 이유를 알 수 없었다. 그냥 그렇게 접어야 한다고 생각했던 것이다. 이런 신비로움을 어린 아이가 어떻게 설명할 수 있었겠는가?

2. 장난기 많은 아이

여름밤은 매우 쾌적하다. 그윽하고 푸르스름한 밤하늘은 마치 거대한 보석이 박힌 커튼처럼 사람들의 시야에 펼쳐진다. 그 반짝이는 별들은 신비로운 사람이 눈을 깜박이는 것일까? 눈 깜짝할 사이에 사라지는 별똥은 슬프고 아름다운 전설인가? 바람에 살랑살랑 춤을 추는 석류꽃은 태양 같고 석류나무의 푸르른 잎사귀는 교태를 부린다. 간혹 한두 번 울리는 벌레 소리는 감동적이다.

첸쉐썬은 작은 걸상을 석류나무 아래로 옮겨 놓고 거기에 앉아 아름다운 밤하늘을 올려다보고 있다. 반짝이는 별, 때론 둥글고 때론 반쪽이 되는 달, 얼마나 매혹적인가. 언제부터인지 몰라도 첸쉐썬은 이렇게 가만히 하늘을 보고 있는 것이 좋아졌다. 그는 신비로운 하늘에 매료되어 밤낮을 가리지 않고 하늘을 관찰하였다.

"달 옆에 있는 별은 왜 항상 그렇게 밝습니까? 저 일곱 개의 별은 왜 숟가락 모양과 닮았을까요? 그것들을 연결해 주는 것은 무엇일까요?" 첸쉐썬은 항상 호기심에 가득 차서 아버지에게 이렇게 묻곤 했다. 이런 해괴망측한 질문에 아버지는 일부러 신비롭게 "거기에는 인간이 발을 들여놓을 수 없는 또 다른 세계가 있단다."라고 답하곤 했다.

아버지의 대답이 신비로울수록 하늘에 대한 첸쉐썬의 궁금증은 더 깊어졌다. 어느 날, 첸쉐썬은 준마 두 필이 끄는 네 바퀴 마차를 타고 달나라로 날아오르는 꿈을 꾸었다. 그곳에는 엄마가 자주 들려주던 상아(嫦娥), 귀여운 흰 토끼, 월계수 등이 있었다. 참으로 즐거움이 넘쳐흐르는 공간이다. 달나라에서 상아는 첸쉐썬에게 가장 좋은 것을 가져다주기도 하고 춤을 추면서 노래를 불러 주기도 했다. 달나라에서는 신선의 음악이 흐르고 구름과 안개가 피어오르며, 새소리와 꽃향기가 어우러지고 산과 물 또한 수려하다. 첸쉐썬은 도취되어 이렇게 아름답고 풍요로운 곳에 영원히 머물러 있으면 얼마나 좋을까하고 생각했다.

첸쉐썬은 또 『서유기』에 나오는 신선처럼 구름과 안개를 타고 하늘나라를 둘러보면서 별들이 정말 수정석인지, 숟가락 모양으로 늘어선 별들 사이에 뭔가 있는 게 아닌지 관찰하는 환상에 빠지기도 했다. 우주를 여행하는 것은 얼마나 아름답고 즐거운 일이겠는가.

그리고 그 은하수, 어머니는 은하의 양쪽에 불쌍한 두 사람이 살고 있다고 한다. 한 명은 견우이고 다른 한 명은 직녀란다. 무자비한 은하가 그들을 갈라놓았다고 한다.

어린 첸쉐썬은 그들을 동정했다. 그는 사랑의 편지를 전하는 천사가 되어 은하수 위를 날고 싶어 했다. 그는 용감한 전사가 되어 견우와 직녀를 갈라놓은 괘씸한 이를 응징하고 싶어 했다.

첸쉐썬은 환상의 왕국에 푹 빠졌다. 신비로운 하늘에 남긴 신기한 전설들, 첸쉐썬은 그곳이 매혹적이고 아름다운 세계일 것이라고 생각했다.

모든 똑똑한 아이들처럼 첸쉐썬은 초등학교 수업이 너무 쉽다고 생각했다. 그는 시험을 볼 때마다 일등을 하곤 했고 책의 내용을 한 글자도 빠짐없이 외울 수 있었다.

첸쉐썬은 '너무 쉬운' 정서에 빠져 놀이에 열중하기 시작했다.

그는 워낙 놀기 좋아하는 아이였다.

친구들과 장난을 치거나, 다른 사람의 옷 주머니에 개구리를 넣거나, 수업 중에 선생님의 초상을 그리거나 하였다. 그리고 밤새 만화책을 읽거나 하면서 숙제를 소홀히 하였다.

결과 첸쉐썬의 시험 성적은 뚝 떨어졌는데 그 당시 30여 명밖에 안 되는 학급에서 20여 등을 한 것이다.

그제야 그는 두려움을 느꼈다.

감히 집에 돌아가지도 못했다.

4살 때 아버지한테 처음 매를 맞았던 기억이 떠올랐다.

날은 이미 어두워졌고 거리에는 아무도 없었다. 밝은 창문 너머로는 따뜻하고 편안한 집안이다. 그러나 첸쉐썬은 집에 가지 않았다. 부모님의 엄격함이 생각났던 것이다.

그는 시험지가 든 가방을 품에 안고 길가의 작은 걸상에 앉아 그만 잠이 들었다. 얼마나 지났을까. 깨어났을 때 어린 쉐썬은 자신이 작은 침대에 누워 있다는 사실을 깨달았다. 그리고 침대 옆에는 김이 모락모락 나는 계란탕 한 그릇이 놓여 있기도 했다.

그날 밤, 쉐썬은 매를 맞지 않았고 처음으로 어른 대 어른으로 아버지와 긴 이야기를 나누었다.

첸쉐썬은 울었다.

아버지는 처음으로 첸쉐썬에게 "나라의 흥망은 모두에게 책임이 있단다."라고 무겁게 말씀하셨다.

첸쉐썬은 아버지와 긴 이야기를 나눈 후 정신적으로 성장을 하게 되었다. 그는 더 이상 교과서 내용을 쉬이 여기지 않았다. 게임과 만화책에서도 빠져나왔다. 그는 공부에만 열중하였다. 때로는 자신을 선생님의 조수로 여기고 꼬마 교사의 역할을 맡기도 하였다. 그는 공부를 못하는 친구들을 도와주거나 아파서 학교에 나오지 못하는 친구들을 방문하여 보충 수업까지 해 주었다. 친구들의 부모님은 얼굴이 작고 통통한 첸쉐썬을 예뻐했다.

이런 노력 끝에 첸쉐썬은 초등학교를 졸업할 때 최우수 학생으로 뽑혀 상장을 수여받았다. 수상대에 선 첸쉐썬은 매우 흥분했다. 통통한 작은 얼굴은 붉게 상기되었고 한 쌍의 눈은 반짝거리고 있었다. 그는 어머니가 손수 지어준 파란색 옷을 입고 있었다. 첸쉐썬이 교장으로부터 상장을 건네받자 수백 명의 학생들이 환호와 박수로 그를 축하해 주었다.

아들이 상 받는 것을 지켜본 첸쥔푸는 아들보다 더 흥분한 듯 낯선 사람에게 아들 자랑을 했다.

"저 애가 바로 제 아들이에요, 제 아들이 상을 받았네요."

제3장

첸쉐썬은 성장하면서 마음도 지식도 다 풍만해졌다. 그는 선율과 화음이 어우러지는 정신적 교감을 추구하기 시작하였다. 아름답고 조화로운 세계를 말이다. 현악기 줄을 타고 흘러나오는, 심금을 울리는 소리는 그로 하여금 생명의 율동을 더욱 깊이 느끼도록 하였다.

1. 노아 방주

첸쉐썬은 12살 때 그 당시 매우 유명한 학교였던 베이징사범대학교 부속중학교(北京師範大學附屬中學)에 합격했다. 베이징시에서 수석으로 이 학교에 입학한 것이다.

쑨원이 이끄는 민주혁명의 실패로 당시의 사회 환경은 더욱 악화되었다. 곳곳에서 병사들과 탱크와 대포를 볼 수 있었다. 거리는 온통 혈투의 전쟁터가 되었고 많은 사람들이 죽었다. 거리를 걸어 다니는 사람은 거의 없었고 수시로 날아오는 포탄 때문에 집집마다 문을 꼭 닫았다.

이런 환경에서 어떻게 교실에 앉아 조용히 공부할 수 있었겠는가?

다행히 첸쉐썬은 훌륭한 선생님들을 만났다. 선생님들은 중국의 아이들에게 있어서 절실히 필요한 것이 지식과 교육이라는 점을 잘 알고 있었다. 그러하기에 선생님들은 전쟁으로 인해 그러한 것들이 빼앗기는 것을 차마 볼 수 없었다. 전쟁의 불길이 치솟던 시절, 그들은 자신의 사랑으로 아이들에게 진정한 생명의 길을 열어 주었다.

선생님들은 요란한 고함소리, 피비린내 나는 폭력 충돌, 무서운 총포소리 등 전쟁의 모든 것들로부터 학생들을 지켜주었다. 학생들은 오로지 아름다운 독서 소리와 선생님의 친절한 가르침, 교장 선생님의 상냥한 웃음과 함께 학교생활을 이어갔다.

첸쉐썬은 물 만난 물고기처럼 이 맑은 연못에서 마음껏 헤엄칠 수 있었다. 그는 이곳의 모든 것을 너무 사랑했다. 선생님, 학생, 운동장, 심지어 길 양쪽에 있는 붉은 꽃과 푸른 풀조차도 첸쉐썬의 눈에는 매우 사랑스럽게 보였다. 첸쉐썬은 학교의 환경이 마음에 쏙 들었고 이곳에서 지식을 쌓아갔다.

중학생이 된 첸쉐썬에게 있어서 초등학교 때 배운 지식은 너무 얕았다. 현재의 그는 지극히 오묘한 기하학 문제에 큰 관심을 가지게 되었다. 그는 세상에 이렇게 흥미진진한 과목이 있는지 몰랐다. 첸쉐썬은 기하학의 문제 풀이와 그 공식들에 매료되었다.

첸쉐썬은 문제를 풀면서 논증하는 즐거움을 거듭 체험했다. 책상 위에는 풀이 공책과 더 이상 잡을 수 없는 몽당연필이 가득 쌓여 있었다. 그의 이마에는 흥분의 땀방울이 맺혀 있었고 눈은 반짝거리고 있었다.

직각 삼각형, 피타고라스 정리, 이 얼마나 훌륭한 발견인가! 그는 이 정리의 발견자를 숭배했다. 항상 두 손으로 머리를 받치고 미간을 찌푸리며 이런 정리를 뚫어지게 응시하곤 했다. 과학에서 온 자연의 빛이 이 어린 소년의 마음을 비춰 주었다. 그는 철저히 과학에 정복당한 것이다. 그는 기하학 정리야말로 빈틈이 없어서 사람들로 하여금 조금의 의심도 갖지 못하도록 한다는 점을 깨달았다. 사람의 사고가 그렇게 명확하고 믿을 만하다는 것이 더할 나위 없이 신기했다.

자연과 자연법칙이 이 10대들의 지혜의 문을 서서히 열어주었다. 비록 작은 새싹이지만 언젠가는 하늘을 찌를 듯한 큰 나무가 될 것이다.

첸쉐썬의 부지런함과 총명함은 곧 기하학 선생님인 푸중순(傅種孫)에게 발견되었다. 이 뛰어난 수학자는 맑은 눈과 큰 이마를 가진 첸쉐썬을 각별히 좋아했다. 첸쉐썬에게는 다른 학생들이 이해할 수 없는 지식을 가르치기도 했는데 모두 비교적 심오한 내용들이었다. 왜냐하면 교과서의 내용이 첸쉐썬의 지식 욕구를 충족시키기에는 너무 부족했기 때문이었다.

첸쉐썬은 노년에 접어들어서도 그의 은사님인 푸중순 선생님을 그리워하였다. 그는 은사님께서 "내가 말한 이치는 순수하게 추리된 것이며, 이 이치는 교실에서가 아니더라도 전 중국에서, 전 세계에서, 나아가 화성에서도 그러하다."라고 하신 말씀을 잊지 않고 있었다.

2. 마음의 터치

첸쉐썬이 학업에 몰두하는 동안 또 다른 신기한 무엇이 그를 꽉 붙잡았다. 바로 음악과 그림이다.

첸쉐썬은 어려서부터 노래를 좋아했다. 상하이 대성당의 은은한 새벽 종소리와 신비로운 찬송가는 첸쉐썬의 마음에 아름다움에 관한 씨앗을 심어주었다. 어머니의 시냇물처럼 맑은 노랫소리도, 아버지의 듣기 좋은 부드러운 저음도 첸쉐썬은 잊을 수 없다.

첸쉐썬은 성장하면서 마음도 지식도 다 풍만해졌다. 그는 선율과 화음이 어우러지는 정신적 교감을 추구하기 시작하였다. 아름답고 조화로운 세계를 말이다. 현악기 줄을 타고 흘러나오는, 심금을 울리는 소리는 그로 하여금 생명의 율동을 더욱 깊이 느끼도록 하였다.

그는 교향악을 사랑했다.

그 당시 학교에는 교향악단이 있었는데 이 악단에 소속되어 있는 대학생들은 아침이나 저녁이나를 막론하고 텅 빈 풀밭에 서서 연주 연습을 하곤 했다. 첸쉐썬은 멀리서 들려오는 감미로운 연주 소리에 마음이 설레고 그 소리로부터 악단의 기백을 느낄 수도 있었다.

그는 여가 시간을 이용하여 모차르트의 곡을 연습하기 시작했다. 똑똑한 첸쉐썬은 입으로 여러 악기의 소리를 흉내 낼 수 있었는데 바삐 움직이는 작은 입에서 나는 그 소리는 얼핏 교향악 같기도 하였다.

음악에 빠진 첸쉐썬은 학교에서 교향악 연주회가 있을 때마다 들으러 갔다. 그는 일찍 가서 가장 적합한 자리를 잡아 조용히 감상하곤 했다. 그는 지휘자가 들고 있는 신기한 지휘봉을 넋 잃고 쳐다보기도 했고 위 아래로 움직이는 지휘봉에 맞춰 고개를 끄덕이기도 했다.

첸쉐썬은 음악을 통해 자신의 마음 한 구석에 또 다른 신비로운 공간이 있음을 깨달았다. 그 공간은 독립적이고 낭만적이며 유쾌하다. 음악은 마음의 천국이고 모든 것을 잊게 하는 만병통치약이다. 그는 음악에서 위안을 찾았다.

음악을 좋아하는 것처럼 첸쉐썬은 그림도 좋아했다.

첸쉐썬은 그림은 소리 없는 음악이고 음악은 흐르는 그림이며, 이 둘은 서로 연결되어 있다고 생각했다.

그는 음악 못지않게 수묵화에도 심취해 있었다.

그림하면 이 이야기를 빼놓을 수 없다.

첸쉐썬이 학교에 입학한 지 얼마 되지 않았을 때였다. 한 번은 도서관을 지나가다가 우연히 한 노인이 그림을 그리고 있는 장면을 보게 되었다. 그는 호기심에 몰래 도서관으로 들어가 그 노인의 능숙한 손놀림과 점차 완성되어 가는 아름다운 그림을 지켜보고 있었다. 그때 첸쉐썬은 매우 흥분했다. 자신이 몰래 들어왔다는 것조차 잊고 "와, 정말 아름다운 그림입니다!"라고 감탄을 했다. 이 감탄 소리는 그 노인을 매우 놀라게 했다. 노인은 본래 온 정력을 그림 그리는 데 쏟고 있었고 이제 막 낙관(落款)을 찍으려던 참이었다. 그런데 첸쉐썬의 소리에 깜짝 놀라 그만 낙관이 작고 검은 덩어리가 되고 만 것이다. 화가 난 나머지 뒤를 돌아보았더니 열두세 살짜리 남자 아이가 소리를 지른 것이었다.

학생 제복을 입고 가방을 든 어린 소년, 앳되고 순진한 얼굴, 새까만 눈동자에는 총명함이 배어 있었다. 노인은 이 소년이 사랑스러웠다. 그리하여 그는 낮은 목소리로 "어느 반이니?"라고 물었다.

"1학년 1반입니다." 첸쉐썬은 자기가 사고를 쳤다는 사실을 깨달았다. 그는 선생님이 꾸짖을까 두려워 매우 공손하게 대답했다.

"그림 그리는 걸 좋아해?"

"네, 선생님께서 그림을 정말 멋지게 그리셨는데 아쉽게도……"

첸쉐썬은 먹구름 한 덩어리를 보며 겸연쩍은 듯 머리를 긁적이었다.

선생님은 빙그레 웃으며 그림을 조심스럽게 접었다. 그리고는 "괜찮아. 넌 총명하고 성실한 것 같구나, 이 그림을 너에게 주지. 이 그림을 보면서 무언가를 배울 수 있기를 바란다."라고 하셨다.

첸쉐썬은 선생님이 이렇게 관대할 줄 미처 몰랐는지라 어찌할 바를 몰라 하다가 급히 선생님께 감사의 인사를 올렸다. 선생님은 기뻐하며 첸쉐썬을 연신 칭찬하였다.

선생님의 그림을 공손히 손에 들고 집으로 돌아온 첸쉐썬은 보물을 얻은 것처럼 매우 기뻐하였다.

이때부터 공부를 마치고 여가 시간이 생기면 첸쉐썬은 선생님의 수묵화를 모사했다. 뜻밖에도 시간이 흐름에 따라 첸쉐썬의 수묵화 그림 솜씨는 꽤 늘었다. 그가 그린 선사시대의 동물 생태 괘도 두 점은 선생님으로부터 인정받아 학생들의 훌륭한 본보기 작품으로 보존되었다.

3. 유혹

양호한 학습 환경은 첸쉐썬의 어린 마음을 과학 분야로 이끌었다. 그의 과학에 대한 사랑은 이미 정상적인 범위를 초월하였다. 그는 과학이라면 무엇이든 좋아했다. 변화무쌍하지만 규칙성과 적응성을 겸비한 지식은 첸쉐썬으로 하여금 이십 대의 자신에 대하여 무한히 동경하도록 하였다. 그는 그것들을 모두 습득하고 지식의 지배자가 되어 새로운 길을 탐색하면서 기적을 창조할 수 있기를 갈망했다.

그 당시 중국은 가난한데다가 사회적 불안과 전란이 지속되고 있는 상태라 학교에서는 학생들에게 학습 도구들을 제공해 줄 여유가 없었다. 어떻게 할까? 첸쉐썬은 지식을 습득하기 위해 동창들과 함께 방법을 강구했다.

그들은 화학 수업에서 사용하는 징교하고 섬세한 플라스크, 계량컵, 작은 저울들을 매우 사랑했다. 이런 실험 도구들은 그들에게 있어서 정말 아름다운 존재였다. 아직도 소년인 이 학생들은 그 도구들의 선과 색조를 매우 좋아했다. 그러나 화학 실험을 할 때는 가석하게도 예쁜 플라스크와 계량컵을 사용할 수 없었다. 몇 개밖에 안 되는 이 용기들은 관찰용으로 사용될 뿐 실제적인 실험에서는 사용이 금지되어 있었다. 혹시 깨지기나 하면 학생들이 플라스크가 어떤 모양인지도 볼 수 없게 되기 때문이었다.

어떻게 하지? 학생들은 머리를 굴리기 시작했다.

물컵에 가로줄을 새겨 계량컵으로 쓰기도 하고 그 당시 사용하던 '고려지(高麗紙)'를 실험용 여과지로 쓰기도 했으며 정확하지 않은 저울에 종이를 더해 무게를 늘리기도 했다. 어쨌든 공부에 유익하고 실험에 도움이 되는 방법이라면 첸쉐썬과 그의 친구들은 모두 생각해냈다.

그 당시 그들의 화학 선생님은 실력이 대단했다. 그는 정밀한 사유와 박식한 지식 및 훌륭한 언변으로 지식을 추구하는 학생들로부터 인기를 얻었다. 그는 종종 그를 향한 학생들의 숭배의 눈빛을 느끼기도 했다. 학생들은 더욱 열심히 공부했고 선생님의 가르침을 빠트리지 않고 기억하려고 노력했다.

선생님도 과학을 사랑하고 부지런히 노력하는 학생들의 정신에 감동하여 혼신의 힘을 다해 수업에 임했다. 이런 단결, 협력과 공동 발전의 분위기가 베이징사범대학교 부속중학교를 따뜻한 지식의 요람으로 만들었다. 첸쉐썬은 이렇듯 아름다운 학습 환경에서 그의 인생에 있어서 가장 중요한 교육을 받은 것이다.

첸쉐썬은 갈수록 똑똑해졌다. 같은 문제를 여러 가지 방법으로 풀어 보기도 하고 사람들이 설명하기 어려운 문제를 가장 쉬운 방식으로 풀어내기도 했다. 그는 항상 맨 마지막으로 교실을 떠나곤 했다. 교과서에 쓰여 있는 이상한 공식과 정리들을 명백히 알기 전에는 첸쉐썬은 절대 집으로 돌아가는 법이 없었다. 심지어 한동안 학생들은 첸쉐썬이 늘 오랫동안 멍하니 있는 것을 보고 첸쉐썬이 어딘가 잘못되지 않았나 의심까지 했다. 사실은 첸쉐썬이 문제를 사고하고 있었는데 말이다. 이 사실을 학생들은 알지 못했던 것이다.

강렬한 지식 욕구를 만족시키기 위해 첸쉐썬은 정상적인 수업이 많음에도 불구하고 대수학, 해석기하학, 미적분학, 물리학, 무기화학, 유기화학, 공업화학, 영어, 독일어 및 윤리학 등을 공부하기 시작했다. 지식의 바다에서 첸쉐썬은 이제 막 수영을 배운 아이처럼 호기심을 갖고 열심히 헤엄쳐 나가고 있었다. 매 하나의 과학적 현상과 이론이 모두 자석처럼 첸쉐썬을 끌어당겼다. 유혹이 넘치는 과학의 세계에서 첸쉐썬은 지식으로부터 오는 힘을 피부로 느끼고 있었다.

바쁜 학업에도 불구하고 이 소년은 여전히 활력이 넘쳤다. 그는 시끌벅적한 운동장에서 친한 친구들과 축구를 하기도 했다. 그는 그렇게 자신만만하고 또 그렇게 순수했다. 그는 자신이 무엇을 해야 하는지 무엇을 해서는 안 되는지를 아주 잘 알고 있었다. 그는 자신의 첫 번째 임무가 무엇이고 왜 공부하는지도 잘 알고 있었다. 그는 다른 사람의 독촉 따위는 필요가 없었다. 그는 스스로 시간을 합리적이고 과학적으로 사용할 줄 알았다.

첸쉐썬은 그때부터 좋은 공부 습관을 갖게 되었고 그의 눈동자는 항상 반짝반짝 빛이 났다.

베이징사범대학교 부속중학교는 아주 좋은 학교였다. 학습 분위기가 좋을 뿐만 아니라 시험제도도 매우 독특하였다. 선생님들은 종래로 시험 점수를 학습 성과의 지표로 삼지 않고 학생들의 잠재력을 더 중시했다.

이런 민주적인 제도 덕분에 학생들은 시험을 두려워할 필요가 없었다. 그들은 시험을 그냥 숙제로 간주했다. 시험에 대하여 학생들은 이번 숙제를 잘하지 못했더라도 다음에 잘하면 된다고 생삭했다.

그래서 첸쉐썬처럼 많은 과목을 배우는 학생들에게 있어서 공부는 결코 힘든 일이 아니라 즐거움 그 자체였다. 그들은 학교에서 과학적인 분위기를 만끽하면서 꿈을 키울 수 있었다.

4. "무엇을 위해 공부해야 하는가?"

"무엇을 위해 공부해야 하는가?"

이 구절은 베이징사범대학교 부속중학교의 교장인 린리루(林砺儒)가 학생들에게 자주 던지는 질문이었다. 이 질문은 항상 어린 첸쉐썬의 귓가에서 맴돌았다.

아직 인식단계에 있는 중학생들에게 있어서 이런 질문은 당연한 일이었다. 매일 하늘을 날며 검은 연기를 내뿜는 전투기와 분노로 가득 차 시위하는 군중을 보면서, 학생들은 우리나라가 왜 이렇게 혼란스러운지, 우리 인민은 왜 이런 고난을 겪고 있는지, 우리는 무엇을 위해 공부하는지를 생각해 봐야 했다.

첸쉐썬은 자신이 어렸을 때 아버지가 해준 과학만이 조국을 강대하게 한다는 말을 기억하고 있었다. 그때 첸쉐썬은 이 말의 참뜻을 전혀 몰랐다. 하지만 아버지의 강한 눈빛에서 자신을 향한 아버지의 기대를 느낄 수 있었다. 그가 이렇게 열심히 공부하는 이유 중 하나는 아버지를 위한 것이기도 하다.

이제 첸쉐썬은 열여섯, 열일곱 살의 청년으로 자랐다. 그의 한 쌍의 눈은 더욱 맑고 눈빛은 더욱 강한 의지를 보이고 있었다. 그는 공부에 더욱 몰두했다. 그는 조국의 역사를 이해했다. 조국이 고통스러운 어둠 속에서 몸부림치고 있다는 것도 잘 알고 있었다. 첸쉐썬은 조국을 구하고 싶었다.

젊은 첸쉐썬은 좌파 잡지를 읽기 시작했다. 학생들에게 있어서 좌파 잡지는 신비로웠다. 그들은 비밀리에 이런 잡지를 돌려 읽었으며 이런 잡지를 입수할 때마다 첸쉐썬은 이해하기 어려운 이념들을 적극적으로 습득하고자 노력하였다.

"얼마나 아름다운 세상인가. 경작하는 자는 토지를 소유하고 제각기 기능을 완수한다. 사람들은 더 나은 삶을 위해 열심히 일하여 더 이상 착취계급과 계급 억압이 없는, 모두가 평등한 삶을 창조한다."

첸쉐썬의 두 눈은 이런 문장들 사이로 빠르게 움직이고 있다. 그의 양 볼은 감격으로 빨갛게 달아올랐고 이마에는 땀방울이 맺혔으며 한 쌍의 눈은 반짝거렸다.

그는 이 세상에 이렇게 아름다운 일이 있는지 믿어지지가 않았다. 만약 이런 사회가 정말 존재한다면 그것은 틀림없이 가장 선진적인 사회일 것이다. 그는 자신이 전쟁, 매연, 매일 끊이지 않는 총포소리가 없는 아름다운 사회에서 살 수 있기를 바랐다.

첸쉐썬은 마치 꽃이 만발한 들판을 가로지르는 것 같았다. 거기에서 그는 마음껏 달리며 웃을 것이다. 그는 웃음소리가 파란 하늘에 메아리치는 그런 사회를 동경했다.

첸쉐썬은 『자본론』, 『마르크스주의』, 『사회주의론』 등 서적을 읽기 시작했다. 책 속의 글귀는 아직 어린 그에게 깊은 감동을 주었다. 한 단락의 구절을 읽을 때마다 그는 속으로 자신이 왜 공부를 하느냐고 묻곤 했다. 단지 자신의 학식을 좀 더 해박하게 하기 위해서일까? 하지만 해박한 지식으로 무엇을 할 수 있을까? 조국을 위해 봉사하지 못하고 박식하기만 하면 무슨 의미가 있겠는가?

우발적으로 일어난 한 사건이 첸쉐썬의 이런 생각을 더욱 굳혔다.

어느 날 아주 훌륭한 한 동창이 폭력사태로 불의의 죽음을 당했다. 그때 베이징사범대학교 부속중학교의 전체 사생들은 거센 항의를 했지만 결국은 흐지부지하게 끝이 났다. 격동의 시대에 인명 피해는 당연한 일이라는 이유에서였다.

첸쉐썬은 침묵을 지켰다. 동창의 죽음에 대해 그는 매우 슬퍼했다. 그는 동창의 죽음이 사람들의 각성을 불러일으키지 못했다는 사실에 분노하고 실망했다.

이때 린리루 교장 선생님의 강연이 첸쉐썬에게 정신적인 위로를 주었다. 교장 선생님은 학생들에게 도대체 애국주의란 무엇인지, 전쟁시기 애국주의의 진정한 의미는 무엇인지에 대해 가르침을 주었을 뿐만 아니라 중국의 빈곤과 과학기술의 낙후 등에 대해 이야기해 주었다.

잔잔하던 호수가 던져진 큰 바위에 의해 일렁이듯 교장 선생님의 말씀은 첸쉐썬의 마음에 큰 파란을 일으켰다. 그는 어린 시절 아버지가 자신에게 한 말을 떠올리며 조국의 현실과 자신의 인생을 직시하기 시작했다.

그 이후로 사람들은 교실, 운동장 또는 길가에서 책을 들고 공부에 몰두하는 한 청년을 자주 볼 수 있었다. 이 청년은 때로는 큰 소리로 무언가를 외우기도 하고, 때로는 마음껏 소리 내서 웃기도 했다. 또 손으로 턱을 고이고 미간을 찡그린 채 무언가를 사고하고 있기도 했다. 이 청년은 책상 위에 쌓여 있는 책들과 연산용 파피루스에 거의 빠져 있었다. 이러는 동안 시간은 빠르게 흘러갔다.

첸쉐썬은 장난기 넘치던 예전의 모습에서 벗어나 하루아침에 자란 것 같았다. 그의 두 눈은 깊어졌고 말수도 줄어들었다. 대신 그의 머릿속은 신기한 과학으로 채워졌다. 그는 모든 지식을 습득하고 가장 선진적인 과학을 배움으로써 조국이 가장 필요로 할 때 지식으로 조국에 보답하고자 했다.

첸쉐썬은 조국의 아름다운 강산이 포탄과 총소리에 휩싸이는 것을 볼 때마다 마음속으로 자신에게 "조급해하지 말라, 조급해하지 말라!"고 타이르곤 하였다. 사실 그는 구국대열의 선두에 하루빨리 서고 싶었다. 그러나 동창의 죽음에 정신이 번쩍 들었다. 전쟁으로 인한 죽음은 단지 한 사람의 용맹을 나타낼 뿐, 진정한 구국강국을 이룰 수 없다는 것을. 국가가 안정되면 첸쉐썬은 자신이 습득한 모든 지식으로 조국에 보답하리라 다짐했다.

첸쉐썬은 이공계열의 지식을 열심히 공부했다. 비록 수천 년 동안 전해져 내려온 조국의 문화를 사랑했지만 마음속으로는 여전히 과학을 가장 좋아했다. 그는 자신이 천성적으로 추리와 판단에 강하다고 생각했다. 그 번거롭고 어려운 데이터와 공식들은 그의 두뇌를 거치고 나면 상상 밖으로 간단명료해졌다. 첸쉐썬은 그렇게 고등학교 교과서를 거의 다 외워 버렸다.

고등학교를 졸업할 즈음, 첸쉐썬의 지식수준은 이미 대학교 2학년 수준에 이르렀다.

그는 또 한 번 수석으로 상하이교통대학교 기계공학과에 순조롭게 합격하였다.

그 해 첸쉐썬은 18살이었다.

제4장

첸쉐썬은 부지런한 새처럼 짚을 하나씩 물어다가 따뜻한 둥지를 틀어 나가기 시작했다.

1. 가로등 밑 '샤오베이징'

상하이로 가는 기차에 앉은 첸쉐썬은 학교 생각에 들떠 있었다. 강남의 아름다운 경치를 감상할 마음조차 없이 바람에 흐트러진 머리카락을 흥분된 손으로 여러 번 손질하고 있었다. 그는 약간 넋이 나간 것처럼 보였다.

그렇다. 그의 마음은 이미 아버지가 말했던 '상하이 사람들의 자랑'인 그 학교로 날아가 있었다. 아까 역에서 어머니와의 이별을 아쉬워했던 것도, 어젯밤 아버지께서 해 주신 가르침도, 이 순간만큼은 모두 행복의 꽃으로 변해 활짝 피어 있었다.

"어머니, 이 아들이 다 커서 대학에 입학했네요."

첸쉐썬은 눈을 살며시 감고 행복에 젖어 이렇게 중얼거렸다. 그의 미간에는 유쾌함이 드러나 있었다.

끝없이 높은 하늘과 푸르른 산, 파아란 개울, 그리고 강남의 아담한 작은 마을, 그 당시 첸쉐썬에게 있어서 이 모든 정경은 매우 밝은 이미지였다. 이로 인해 그의 마음은 활짝 열렸고 그는 세상 밖의 신선한 기운을 마음껏 받아들였다. 그는 깊은 숨을 쉬면서 몇 년 동안 내면에 잠재해 있던 그 많은 불쾌감을 모두 털어 내려고 애썼다. 그의 눈에 어린 말할 수 없는 기쁨, 그것은 바로 인생을 바꾸려고 할 때 비로소 생기는 열정이었다. 그는 밝은 미래를 동경하고 있었다.

거의 다 왔네, 금방 도착하겠구나! 첸쉐썬은 차창 밖으로 지나가는 경치를 응시하고 있었으나 심장은 저도 모르게 쿵쿵 뛰었다. 그는 자신이 왜 이렇게 흥분하고 있는지 알 수 없었다. 자신이 곧 들어서게 될 학교가 명성이 자자한 명문대학교라서 그런지 아니면 어렵게 잡은 학습 기회 때문인지 첸쉐썬은 도저히 마음을 가라앉힐 수가 없었다. 귓가에 또 한 번 아버지의 말이 울렸다.

"과학기술로 네 머리를 무장하고 과학으로 중화를 부흥시켜야 해, 아버지의 큰 뜻을 이루어다오!"

"아버지, 안심하세요. 쉐썬은 반드시 아버지의 기대를 저버리지 않고 열심히 공부하여 조국의 발전을 위해 노력할 거예요!"

첸쉐썬은 이렇게 다짐했다. 그의 날카로운 눈빛은 더 확고해졌다.

기차는 마침내 상하이 역에서 멈췄다. 첸쉐썬은 상하이의 화려한 경치를 구경할 겨를도 없이 짐을 챙겨 들고 필사적으로 인파에 밀려들었다. 붐비는 인파를 가까스로 뚫고 그는 아버지가 알려준 대로 인력거 한 대를 불러 타고 서둘러 학교로 향했다.

인력거에 올라타서야 겨우 안정을 찾은 첸쉐썬은 이마의 땀을 닦고 자신이 가지고 있던 짐을 살폈다. 그리고는 길 양쪽의 경치를 감상하기 시작했다.

대도시 상하이는 그야말로 번화했다. 거리 양쪽에 즐비하게 늘어선 예쁜

가게들, 각양각색의 간판들이 거리 양쪽을 아름답게 단장하고 있었다. 그리고 우뚝 선 빌딩과 맨 위쪽에 달아 놓은 큼지막한 시계, 이 모든 것들은 난생 처음 상하이에 도착한 첸쉐썬을 매료시켰다.

"내가 이런 곳에서 몇 년은 살아야겠구나!" 작은 소리로 그는 중얼거렸다.

"몇 년 후에 내가 어떻게 변할지 정말 모르겠는데."

인력거가 마침내 상하이교통대학교의 정문 앞에 멈췄다. 이곳이 바로 자신이 가야 할 곳이라는 게 그는 통 믿어지지 않아 눈을 둥그렇게 뜨고 입을 약간 벌린 채 인력거에 앉아만 있었다. 그의 얼굴에는 기쁨이 어려 있었다.

"선생님, 내려 주시겠어요?" 인력거를 끄는 사람이 그를 재촉했다.

첸쉐썬은 그제야 정신을 차리고 흥분해서 인력거에서 뛰어내렸다. 그는 자신의 짐을 들고 캠퍼스로 달려갔다.

한눈에 확 펼쳐진 꽃들과 푸른 나무들, 푸른 호수와 산언덕, 그리고 정결한 자갈길…… 첸쉐썬은 마치 공원에 들어선 것만 같은 느낌이 들었다. 그는 여정의 피로를 잊었고 호기심 어린 눈으로 주위를 살폈다.

"저건 강의동이고, 저건 작은 강당이고, 여기는 도서관인 것 같은데……" 라고 그는 중얼거렸다.

그는 자신의 앞에 있는 거대한 비석 하나를 발견하였다. 호기심에 다가가 보니 이런 글귀가 적혀 있었다.

"본 학부는 1896년 설립했는 바, 전신은 남양공학이다……"

"1919년 5·4 신문화운동…… 외부에서는 국권을 다투고, 내부에서는 적을 물리쳐…… 상하이 학생 연합회……"

첸쉐썬은 작은 소리로 읽어 내려갔다. 그는 이 대학의 역사에 깊이 매료되었다. 순간 집을 떠날 때 아버지가 한 말이 머릿속에 떠올랐다.

"상하이교통대학교는 우리 상해 사람의 자랑이자 중국 사람의 자랑이란다. 전 세계가 그 이름을 알고 있으니 말이다. 아들아, 반드시 열심히 공부하여 학문적으로 뛰어난 사람이 되어야 하느니라. 그 학교의 빛나는 역사에 걸맞는 그런 사람……"

눈앞에 펼쳐진 모든 것은 새 학교에 대한 첸쉐썬의 기대를 부풀려 주었다. 그는 다짐했다.

> 잠에서 깨어났으면 다시 잠에 빠지지 않고,
> 깨달았으면 우매하지 않을 것이니,
> 항상 정신을 똑바로 차려야 한다.
> 성실하게 실학을 추구하며,
> 성실하게 사업을 구축해 나가야 할 것이니.
> ……

이렇게 첸쉐썬은 상하이교통대학교의 교가를 부르며 대학 생활을 시작했다.

대학에 갓 입학한 첸쉐썬은 갑작스레 찾아온 빠른 생활 리듬에 적응하지 못했다. 여기의 요구는 그의 모교인 베이징사범대학교 부속중학교보다 훨씬 엄격했다. 상하이교통대학교의 규정에 따르면 학생들은 반드시 교수님의 명령을 엄격히 따라야 한다. 뿐만 아니라 중요한 과목은 반드시 그 내용들을 숙지해야 하고, 어떤 과목은 심지어 지식 내용을 암기해야 한다.

이 규정은 정말 가혹했다.

첸쉐썬은 거의 밤낮으로 돌아가는 기계가 되다시피 했다. 교수님의 강의 진도를 따라가기 위해 모든 여가 취미 활동을 포기했다. 교향악을 들을 수 없다는 사실은 첸쉐썬에게 있어서 살을 베는 것보다 더 힘들었다. 하지만 하루 꽉 찬 수업과 숙제는 그로 하여금 여가 시간을 보낼 수 없도록 했다. 집으로 평안하다는 내용의 편지를 쓰는 시간 외에는 여유 시간이 거의 없었다.

가끔 첸쉐썬은 자신이 정말 기계인지 의심하기도 했다, 아니, 여기 교수님들은 어떻게 이런 방식으로 학생들을 가르칠 수 있단 말인가?

그는 잘 이해가 되지 않았다. 베이징사범대학교 부속중학교에 다니던 시절이 몹시 그리워졌다.

화학은 첸쉐썬이 매우 좋아하는 과목이었다. 그런데 첫 교시부터 누군가가 담당 교수는 교내에서 가장 엄격하기로 소문난 쉬밍차이(徐明才)라고 알려 주었다.

첸쉐썬은 별로 개의치 않았다.

어느 한번 수업 시간에 쉬밍차이 교수님은 그에게 공식 하나를 질문하였다. 중학교에서 암기보다는 이해를 중시하는 습관을 키웠던 터라 첸쉐썬은 공식의 대체적인 의미만 말했다. 일반적인 교수님이라면 정답이라고 대충 넘어갈 것이었다. 그런데 쉬밍차이는 여느 교수님과 달랐다. 그는 첸쉐썬을 호되게 꾸짖으며 수업이 끝난 후 다시 외울 것을 요구했다.

첸쉐썬은 여태껏 선생님에게 이렇게 호된 비평을 받은 적이 없었다. 그는 억울한 나머지 눈물이 핑 돌았다. 쉬밍차이 교수님에게 인정이라는 게 없다고 생각하니 은근히 화가 치밀어 올랐다.

수업이 끝난 후 교실에는 쉬밍차이 교수님과 첸쉐썬 둘만 남았다.

"첸쉐썬 학생, 그 공식을 다시 한 번 외워 보세요."

쉬 교수님은 함부로 농담하거나 하는 성격이 아니었다.

첸쉐썬은 고개를 숙이고 얼굴을 붉혔다. 그는 외우고 싶지 않았다. 오히려 교수님과 이야기를 나누고 싶었다.

"교수님, 제가 드릴 말씀이 있는데요."라고 첸쉐썬은 어렵게 입을 뗐다.

"무슨 얘기를 하고 싶은 거죠? 중학교에서는 이와 다른 방식으로 공부했다고 할 건가요? 아니면 학생은 총명하니 굳이 암기하지 않아도 된다고 할 건가요?"

쉬 교수님께서는 첸쉐썬의 속을 훤히 꿰뚫어 보고 있었다.

첸쉐썬은 쉬 교수님이 그의 속마음을 알아차릴 줄은 미처 생각하지 못했다.

"첸쉐썬, 자네가 총명하다는 것을 잘 아네. 하지만 학문을 닦는 데 조금도 소홀해서는 안 되는 걸세. 화학 실험 결과가 정확해야 하는 만큼 그 언어 문자도 정확하고 규범에 맞아야 하는 거라네. 자네가 그 공식을 이해하고 또 자신의 언어로 그것을 서술할 수 있다는 것도 잘 알지. 하지만 자네의 언어가 국제적으로 인정받을 수는 있을까? 중국은 아직 가난하고 낙후하여 외국인들에게 무시당하고 있지만, 우리의 문화 지식은 외국인들에게 무시당할 만큼 결코 가난하지 않다네."

쉬밍차이는 약간 흥분한 것 같았다. 그는 이마의 땀을 닦으며 말을 이었다.

"자네가 전도유망한 학생이고 부지런한 학생이라는 것도 잘 알고 있다만, 자네가 이 말을 기억하고 열심히 공부하여 우리 민족을 빛내기를 바라네."

쉬 교수님은 말을 마치고 나서 교실을 떠났다. 큰 교실에 덩그러니 혼자 남게 된 첸쉐썬은 마음이 텅 비어 있다는 것을 깨달았다. 그는 조용히 자신의 자리에 앉아 입학해서 자신이 한 일들을 돌이켜 보았다. 내가 정말 열심히 공부했단 말인가? 정말 그러했다면 왜 교수님의 요구에 부응하지 못했을까?

아버지의 가르침과 스승의 충고가 첸쉐썬의 귀에 울려 퍼졌다.

"민족을 위해 기개를 떨쳐야 한다 …… 열심히 공부하여 우리 조국을 건설해야 한다 ……"

그의 마음은 점차 평온해졌다. 그래, 지금 국난이 닥쳤다고 해서 자신의 학업을 포기하고 자신을 느슨하게 해서는 안 되는 것이었다. 오히려 기회를 잡아 새벽의 빛을 기다려야 한다. 나라가 안전해지고 자신도 학업에서 성과를 이루게 되는 그때가 오면, 그는 반드시 조국의 건설을 위해 힘을 이바지하게 될 것이다. 첸쉐썬은 이렇게 생각했다.

이때부터 사람들은 학교 캠퍼스에서 정결하고 소박하게 차려 입은 청년이 책을 읽거나 외우는 모습, 때로는 나뭇가지로 땅바닥에 이리저리 무엇인가를 그리는 장면을 자주 볼 수 있었다.

학교 캠퍼스에는 저녁 산책을 하는 가족들을 위해 설치한 가로등이 있었다.

매일 밤, 모두가 휴식을 취하고 있을 때면 항상 한 청년이 손에 책을 들고 이 가로등 아래에서 숙제를 하곤 하였다.

졸리면 일어서서 몸을 움직였고 피곤하면 자세를 바꾸어 가며 공부를 이어갔다. 이 가로등은 거의 첸쉐썬이 분발 노력하는 증거가 되었고 첸쉐썬은 상하이교통대학교 학생들의 본보기가 되었다.

"저 봐, 그 공부 좋아하는 '샤오베이징'이 왔네."

"매일 가로등 밑에서 책을 읽는 그 사람 말인가?"

학우들은 그에 대해 의논하기 시작했다. 그러나 첸쉐썬은 그들이 무슨 말을 하든 상관하지 않고 그에게 빛과 희망을 주는 가로등 밑에서 매일 책을 읽는 데만 몰두했다.

결국 그 학기에 첸쉐썬은 우수한 성적으로 수석을 차지하였다. 또 그 학기부터는 우수 학생만 받을 수 있는 장학금도 받을 수 있었다.

학우들을 더욱 놀라게 한 것은 따로 있었다. 그 학기가 끝날 무렵 첸쉐썬은 쉬 교수님이 강의한 <분석화학>의 교과서 내용을 한 글자도 빠짐없이 첫 페이지부터 마지막 페이지까지 달달 외울 수 있었을 뿐만 아니라 삽화까지 정교하게 그릴 수 있었다.

첸쉐썬은 하룻밤 사이에 상하이교통대학교의 유명 인사가 되었다. 베이징에서 온 한 청년이 공부를 뛰어나게 잘한다는 사실을 모두가 알게 된 것이다.

첸쉐썬은 어렵게 모은 장학금으로 미친 듯이 책을 사기 시작하였다. 그는 교수님의 강의와 교과서 지식만으로 만족할 수 없었다. 그의 발달된 뇌는 건조한 스펀지처럼 탐욕스럽게 지식을 빨아들였다. 아버지에게 보낸 편지에서 첸쉐썬은 이렇게 썼다.

"저는 지식이 없는 세상에서 살아가는 자신을 상상할 수도 없어요. 이곳은 정말 제가 자유롭게 성장할 수 있는 천국인 것 같아요. 이렇게 유명한 대학교에 입학한 것을 행운으로 생각해요. 이곳의 교수님들은 모두 박식해요. 마치 과학의 보물 같아요. 저도 장래에 그들처럼, 혹은 그들보다 더 멀리 나아갈 수 있기를 바랍니다……"

"아버지께서 이렇게 조용한 학습 환경을 마련해 주셔서 감사해요. 아버지의 가르침이 없었다면, 제가 지금쯤 무엇을 하고 있을런지요. 아버지는 저의 첫 번째 스승이에요. 아버지께서는 저에게 인생과 지혜의 창문을 열어 주셨어요……"

지식 욕구에 목마른 첸쉐썬의 모습은 상하이교통대학교의 사생들을 놀라게 했다. 그는 하루 종일 도서관에 틀어박혀 있을 정도였다. 그의 옆에는 식당에서 사 온 찐빵과 끓인 물을 담은 주전자가 담긴 헝겊 자루가 늘 놓여 있었다.

도서관 직원들은 베이징에서 온 잘생긴 이 청년을 잘 알고 있었다. 모두들 이 청년의 학구열에 감동했다. 그들은 종종 점심이나 저녁 식사 시간에 첸쉐썬 몰래 그 헝겊 자루에 든 찬 찐빵과 찬물을 뜨거운 것으로 바꿔 놓기도 했다. 그들은 이 부지런한 학생이 찬 음식을 먹고 배탈이 날까 봐 건강 상태가 나빠질까 봐 걱정했던 것이다. 하지만 공부에 흠뻑 취해 있던 첸쉐썬은 자신의 빵과 물이 바뀐 것을 눈치 채지 못했다. 공부에 너무나 몰입한 나머지 주위의 모든 것을 까맣게 잊어버렸다.

첸쉐썬은 모든 돈을 공부에 쏟아 부었다. 그가 쓴 연습 공책은 친구보다 훨씬 더 많았고 심지어 종이 뒷면까지 꼼꼼하게 다 이용했다. 그는 자신을 위해 옷 한 벌, 헝겊 신발 한 켤레를 산 적이 없다. 여전히 중학교 시절에 입던 낡은 옷을 걸치고 다녔다. 어떤 옷은 이미 작아졌고 어떤 옷은 이미 해졌다. 하지만 첸쉐썬은 그런 것에 전혀 신경 쓰지 않았다. 해지면 스스로 꿰매고 작아지면 큰 옷을 찾아 겹쳐 입었다.

"봤니? 그 책벌레의 옷."

"다들 봤지, 정말 못 봐 주겠던데."

"외모는 훤칠하건만, 참……"

뒤에서 수군거리는 소리가 들려 왔다. 첸쉐썬은 못 들은 척해 버렸다. 그는 겉모습이 화려하다고 해서 마음도 아름다운 것이 아니며, 옷차림이 귀티 난다고 해서 마음까지 풍족한 것이 아님을 잘 알고 있었다. 그는 언젠가는 학우들이 우러러보고 부러워하는 상대가 될 것이라고 믿었다.

상하이교통대학교에서는 베이징사범대학교 부속중학교에서만큼 시험을 자주 봤다. 시험 점수에 대한 요구는 당연히 부속중학교 때보다 훨씬 높았다. 부속중학교에서 학생들은 다음날 시험 때문에 밤을 새는 경우가 없었고, 첸쉐썬과 같은 우수한 학생들은 평소에 80점 중반을 받으면 되었다. 왜냐하면 그때 선생님들은 점수보다는 학생들의 이해력을 중요하게 생각하였기 때문이다.

그러나 상하이교통대학교에서는 80점을 받으면 우수한 학생에 속할 수 없었다. 영어 교수님의 요구는 특히 까다로웠다. 글쓰기에 대한 요구가 엄격했을 뿐만 아니라 회화도 정확하고 유창하게 해야 했다. 그리고 교과서의 모든 본문을 숙독하고 암기해야 했다. 왜냐하면 본문의 '주석'도 시험 범위에 들었기 때문이다.

아무리 어려운 시험문제라 하더라도 항상 열심히 학업에 몰두하는 첸쉐썬에게 있어서는 수월했다. 그는 공부를 재미로 삼고 지식을 재산으로 삼았다. 그는 모든 과목에 깊은 관심을 갖고 열심히 공부하여 대학 시절 모든 학과목에서 95점 이상이라는 우수한 성적을 받았다.

2. 찻집 일화

중학교 때 첸쉐썬은 여름 방학을 가장 좋아했다. 여름 방학이 되기만 하면 학기 수업의 긴장감에서 벗어나 아버지와 함께 교외로 나가 수영과 낚시를 즐길 수 있었기 때문이었다.

그러나 대학교에 입학 후부터 여름 방학은 달라졌다. 한 편으로는 고향으로 돌아가기에는 길이 너무 멀고 여비도 너무 비싸서 첸쉐썬이 감당할 수 없었다. 다른 한편으로는 안전 보장이 부실하여 기차 폭발이나 자동차 충돌 사건이 자주 일어났다. 많은 학생들은 귀향하는 도중에 사고를 당할까 봐 집에 돌아가지 않고 학교에 남았다.

첸쉐썬도 그 중 한 명이었다.

갑자기 자유로워진 학생들은 다음 학기의 수업 내용을 미리 준비하기도 하고 모처럼 찾아온 여가를 이용하여 학교 밖으로 나가서 삶을 느껴보기도 했다. 그들은 학교 근처의 찻집과 음식점을 찾아다니며 값싼 밑반찬에 강남

지역의 특산인 황주(黃酒) 한잔을 곁들여 마시면서 여기저기에서 들려오는 일화를 엿듣곤 했다.

물론 첸쉐썬은 시간을 헛되이 보내지 않았다. 그는 공부를 하면 할수록 책 속의 신비로운 자연과학에 매료됐다. 엔진, 체인, 베어링 등 개념들은 그에게 있어서 아름답고 귀여운 동물들보다 더 흥미로웠다.

첸쉐썬은 다양한 기계와 엔진 등과 흥미진진하게 씨름을 하고 있었다. 그는 기숙사에서 아침부터 저녁까지 꼼짝하지 않고 그 두꺼운 책들을 눈이 시큰시큰할 정도로 읽었다.

친구들은 공부에 지나치게 목매는 첸쉐썬을 발견하고는 이 책벌레에게 휴식을 취하게 하려고 여러모로 노력해 봤다.

어느 날, 첸쉐썬과 동향인 려우쓰타앙(劉世堂)이 첸쉐썬의 기숙사를 찾아왔다. 그는 기숙사 곳곳에 흩어져 있는 책 원고들, 그리고 더러워져 널브러져 있는 빨래들을 보고 놀랐다. 여기가 사람이 사는 곳인가?

려우쓰타앙은 책을 읽느라고 자신이 들어오는 것을 전혀 눈치 채지 못한 첸쉐썬의 모습을 보고 헛기침을 했다.

그제야 첸쉐썬은 책더미에서 고개를 들어 동향이 찾아온 것을 발견하고는 황급히 웃으며 인사를 했다.

인사를 나눈 후 려우쓰타앙이 말을 꺼냈다.

"첸 형, 이렇게 더운 날에도 기숙사에 있다니요. 밖에 나가서 더위를 좀 식히지요."

첸쉐썬은 등을 드러낸 채 수건으로 땀을 닦았다.

"이런 날에 익숙해졌어. 바깥도 덥기는 마찬가지 아닌가? 밖에서 시끄러운 소리를 들으니 차라리 방 안에 있는 게 더 나아."

"그건 아니지요. 밖에 나가면 또 다른 낙이 있다니까요. 절 믿고 한번 나가

시죠? 형님이 좋아할 만한 곳이에요."

첸쉐썬이 별로 내키지 않아 하자 려우쓰타앙은 화가 난 척했다. "저한테 무슨 불만이 있어요? 우리 동향들이 모두 형님을 기다리고 있는데 형님이 안 가시면 동향들에게는 뭐라고 하죠?"

려우쓰타앙의 진심에 첸쉐썬은 더 이상 거절하기 어려웠다. 그래서 그는 보고 있던 책을 치우고 얇은 셔츠를 하나 챙겨 입고는 려우쓰타앙을 따라나섰다.

두 사람은 거리로 나왔다. 햇빛이 너무 강렬해서 거리에는 행인이 별로 없었다. 오히려 다방 안은 사람들로 꽉 차 있었고 시끌벅적거렸다.

려우쓰타앙은 첸쉐썬을 학교에서 조금 떨어진 찻집으로 데려갔다. 이 찻집은 상당히 낡은 2층짜리 건물이었다. 1층은 대통옥인데 모든 테이블이 한데 붙어 있었다. 그 테이블에 둘러 앉아 사람들은 함께 차를 마시면서 담소를 나누었다. 사람들이 나누는 진지한 이야기를 서로가 엿들을 수 있었다. 찻집은 시끌벅적했다.

2층은 1층과 전혀 달랐다. 경제적으로 좀 여유 있는 사람들이 가는 곳이었다. 그곳에는 별실이 몇 개 있는데 각각의 별실은 따로 나누어졌다. 밖에서는 안이 보이지 않아 차를 마시며 조용하게 이야기를 나눌 수 있는 공간이었다.

첸쉐썬은 처음으로 이런 곳에 와 보는 것이다. 그는 려우쓰타앙을 따라 묵묵히 2층으로 올라갔다.

별실에는 이미 꽤 많은 사람들이 그들을 기다리고 있었다. 그 중에는 첸쉐썬이 아는 사람도 있었고 모르는 사람도 있었다. 모두들 첸쉐썬이 들어오는 것을 보고는 웃으며 그와 인사를 나누었다. 첸쉐썬은 별로 오고 싶지 않았는데 이렇게 많은 동향 사람들을 보니 기분도 한결 좋아졌다. 서로 인사가 끝나자 동향 사람들은 첸쉐썬을 칭찬하기 시작했다.

그들은 모두 첸쉐썬의 사람 됨됨이를 잘 알고 있었기에 자유롭게 이야기를 나누었다.

"지금 공산당이 토지혁명을 진행하고 있다고 하는데 여러분 생각은 어떠신지 모르겠네요." 한 상인이 입을 열었다.

동향 사람들의 열띤 토론을 들으면서 첸쉐썬은 짜릿한 전율을 느꼈다. 그는 가슴에서 뜨거운 무엇이 들끓어 오르는 것 같았다.

토론이 언제 끝났는지 첸쉐썬은 기억이 나지 않았다. 그 상인은 그들에게 책 한 권씩 주며 열심히 읽어 보라고 하였다.

첸쉐썬은 이날의 경험이 신비로웠다. 그는 거의 뛰다시피 하면서 학교로 돌아왔으며 돌아오는 내내 뒤에서 누군가가 그를 쫓고 있음을 느꼈다. 그는 필사적으로 기숙사로 달려가 방문을 닫고 커튼을 치고는 서둘러 그 책을 펼쳤다.

이것은 손으로 인쇄한 책이다. 책은 좀 거칠었지만 글씨는 또렷했다. 책에는 착취도 억압도 슬픔도 눈물도 없는 완벽한 세상이 그려져 있었다. 이는 몇 년 전 첸쉐썬이 읽은 책에서 묘사한 것과 똑같은 세상이다. 이런 세상은 얼마나 아름다운가? 첸쉐썬은 책의 내용에 매료되었다.

늦은 밤이라 사방은 사뭇 조용했다. 첸쉐썬은 몰래 그 책을 자신의 베개 밑에 집어넣었다. 그는 희망으로 가슴이 벅찼다. 만약 장차 나의 조국이 이 책에 쓰여진 것처럼 된다면 얼마나 좋을까, 내가 배운 지식을 모두 조국의 건설에 쓸 수 있지 않을까, 나는 배나 비행기를 만들 수 있고 비행기에 앉아서 아름다운 베이징 거리를 한 눈에 볼 수 있겠지.

그 후부터 첸쉐썬은 그 작은 찻집에 매료된 듯 몰래 그곳을 찾곤 했다. 누군가 그들을 발견하지 못하도록 동창들은 항상 차를 마시는 척하면서 공산주의니 뭐니 하면서 열띤 토론을 벌였다. 그러다가 밖에서 인기척이 나면 잡담하는 척 큰 소리로 웃고 떠들거나 하면서 가지고 있던 전단지를 옷이나 신발 속에 숨겼다.

첸쉐썬은 이 작은 찻집에서 공산주의가 무엇인지, 공산당이 무엇인지 알게 되었고 적지 않은 지하공산당원들을 사귀게 되었다.

첸쉐썬은 지금까지도 그 상인의 이름을 모른다. 그러나 그 상인이 결국 적의 총탄에 사살되었으며 그의 시체는 높은 성문에 매달려 있다는 사실을 알게 되었다.

그 당시 중국은 그야말로 재난의 시대에 처해 있었다. 상하이교통대학교의 많은 학생들은 잇달아 붓을 던지고 종군(從軍)했다. 첸쉐썬도 종군하려고 눈물을 머금으며 아버지에게 편지를 보냈다.

"······조국이 당하는 재난 앞에서 조용한 교실, 책상은 소용이 없게 되었습니다. 동창들은 잇달아 군대에 입대하여 보국의 뜻을 실현하고자 합니다. 저도 붓을 던지고 종군하려는데 아버지께서는 어떻게 생각하십니까?"

아버지한테서 답장이 왔다. 첸쉐썬은 답장을 읽은 후 망설였다. 아버지는 그가 학교를 포기하고 군대에 가는 것을 허락하지 않았다.

"······지금 학업을 포기하고 입대하면 학업을 망칠 뿐만 아니라 구국의 꿈도 이룰 수 없게 될 것이다. 그러니 마음을 가라앉히고 학업에 몰두하거라. 보국은 학업을 완성한 후에도 늦지 않음을 명기하길 바란다."

아버지가 친필로 쓴 편지를 받고 첸쉐썬은 잠을 이루지 못하고 뒤척이었다. 공산주의의 씨앗은 이미 그의 마음속에 깊이 뿌리를 내렸다. 그러나 구국은 자기와 같은 한 대학생이 이룰 수 있는 것일까? 어떻게 해야 할지 몰라 그는 깊은 고민에 빠졌다.

며칠 동안의 심사숙고 끝에 첸쉐썬은 학업을 통해 나라를 구하는 길을 택했다. 그는 교과서와 역사 서적을 통해 무력은 천하를 정복할 수 있고 지식은 천하를 공고히 하고 건설할 수 있다는 것을 깨달았다. 문약한 선비로서 치국평천하(治國平天下)를 이루자면 지금 열심히 공부해야 할 것이다. 그는 조국이 안정을 찾게 되면 그때 조국에 보답하리라 굳게 다짐했다.

신비로운 작은 찻집은 차츰 첸쉐썬의 삶에서 사라지게 되었고 그는 다시 자신의 과학세계로 돌아왔다. 그는 더욱 필사적으로 책을 읽으며 마음을 다 잡았다.

3. 아버지를 위하여

상하이교통대학교는 그 당시 중국에서 상당히 유명한 대학이었다. 이곳에는 걸출한 학자들이 적지 않았고 외국인 유학생들도 있었다. 학교에는 몇 십 개의 학과가 개설되어 있었다. 첸쉐썬은 자신의 취미를 포기하고 아버지의 뜻에 따라 기계공학과를 전공으로 선택했다.

아버지는 아들이 한 가지 기술을 익히기 바랐다. 특히 군사 작전에 쓰일 수 있는 기술을 배우기 바랐다. 애국심이 강한 아버지는 일본에서 유학하는 동안 외국의 군사과학의 강함을 직접 봤으며 사뭇 부러워했다. 그는 자기의 조국도 강대해져 선진적인 무기를 만들어 내기를 얼마나 바랐는지 모른다. 그는 조국이 유린을 당하게 된 이유도 군사적으로 뒤처져 있기 때문이라고 생각했다.

지금 아들은 전국에서 유명한 대학교에 입학하여 인생에 있어서 중대한 선택에 직면해 있다. 아버지가 되어서 어찌 아들을 올바른 길로 인도하지 않을 수 있는가? 그는 아들이 조국에 유익한 사람이 되기를 희망한다.

어릴 때부터 아버지를 숭배하는 첸쉐썬은 이번에도 아버지의 뜻에 복종했다. 사실 기계공학과를 선택한 것은 한편으로는 아버지와 생각이 잘 맞아 떨어졌고 다른 한편으로는 그 자신도 확실히 이공계열에 관심이 많았기 때문이다.

한번은 첸쉐썬이 아버지에게 자신의 전공을 잘 배워 어디에 쓸 수 있느냐고 물었다. 아버지는 비행기를 만들 수 있다고 대답했다.

비행기를 만들다니. 일반인들에게는 터무니없는 일이겠지만 첸쉐썬은 비행기를 만들어 조국의 푸른 하늘을 날겠다고 아버지에게 자신의 결심을 말했다.

대학교의 교수님들은 첸쉐썬에게 더없는 희망을 줬다. 그들은 학생들에게 지식의 매력을 보여주며 호기심의 불을 붙여 주었다. 그들은 과학의 문을 두드리는 학생들의 지식 욕구를 자극하고 과학의 세계에서 학생들이 자유롭게 발전할 수 있도록 도와주었다.

친절한 교수님들 덕분에 학생들은 자유롭게 학문을 연구할 수 있었다. 첸쉐썬은 이곳의 생활을 아주 사랑했다. 그는 이곳에서 청춘의 생기와 활력을 한껏 뿜어냈다.

머리숱이 많은 이 청년은 얼마나 씩씩한가. 그는 매일 제일 먼저 일어나서 하루를 시작하곤 했다. 그의 걸음은 확고하고 정서 또한 높았다. 어느새 그는 학우들의 우상이 되었다.

그는 권위를 두려워하지 않았다. 그는 과학이 창조적인 학문이며 그 전부를 독점하는 사람은 없다고 생각했다. 그 어느 누구도 사물이 고정불변이라고 말할 수 없다.

첸쉐썬은 성공은 부지런한 자에게 순종하는 것이라고 굳게 믿었다. 이 강직한 청년은 마치 밤에 노를 젓듯 힘겹게 나아가고 있었는데 그의 마음 한쪽에 자리한 비행기가 바로 밤의 등대였다. 그는 열심히 노를 저으며 풍랑을 헤쳐 나가려고 애썼다. 그는 두 손으로 노를 꽉 붙잡았고 목표물을 응시했다. 그의 기숙사는 서점과도 같았다. 책상 위, 의자 위, 침대 위, 심지어 바닥에까지 책으로 가득했다.

책, 책, 어디에나 다 책이었다. 첸쉐썬은 끈질기게 그것들을 하나하나 소화해 내었다. 그는 끊임없이 종이에 무엇인가를 그리거나 쓰거나 했다. 그렇게 그린 한 장의 그림은 마치 어느 연구 잡지에서 오려낸 것 같았다. 교수님들은 이 부지런한 청년을 칭찬했다.

성실한 첸쉐썬은 과학 앞에서 더없이 성실했다. 그 어려운 공식과 어려운 이론들을 탐구했다. 그는 교수님께 쉽게 묻지 않았다. 모든 자료를 찾고 모든 방법을 시도해 보고서 해결하지 못할 경우에 교수님께 도움을 청했다. 어떤 때는 학식이 해박한 교수님들도 함부로 단언하지 못했다.

이 시기 중국은 공산당과 국민당 양당이 교전하는 상황에 처해 있었다. 열악한 사회적 환경으로 인하여 전 중국 인민이 위험에 빠지게 되었다. 농민들 중에 건장한 남성들은 국민당에게 잡혀 갔다. 노동력이 사라지자 토지는 황폐하게 되었고 인민은 굶주리게 되었다. 많은 사람들이 굶어 죽었고 전국은 도탄에 빠지게 되었다.

첸쉐썬의 아버지인 첸쥔푸도 직장을 잃었고 그의 가정은 어려움에 처하게 되었다. 첸쥔푸는 이러한 상황을 그의 아들에게 알렸다.

"……끊이지 않는 전란으로 이미 정상적인 생활을 할 수 없게 되었느니라. 인민은 굶주림과 빈곤에 허덕이고 있는데 어떻게 교육을 받을 수 있겠는가? 다만 내 아들이 원대한 포부를 가지고 배우고 또 배워서 성과를 거두기 바랄 뿐이다……"

첸쉐썬은 아버지의 필적을 보며 무척 괴로워했다. 장남으로서 부모님을 돌보지 못하고 가정의 중책을 맡지 못하게 되다니. 이 일을 어찌 참을 수 있단 말인가. 집안 형편이 어려워졌음에도 불구하고 아버지는 그에게 열심히 공부하라는 말을 잊지 않았다. 아들에 대한 아버지의 희망이 얼마나 큰지를 알 수 있었다. 첸쉐썬은 항상 그를 바라보는 한 쌍의 눈이 있다는 것을 느꼈다. 바로 아버지의 눈이다.

첸쉐썬은 책을 살 경제적 여유가 없었다. 이는 그가 직면한 가장 어려운 현실이었다. 예전에는 아버지가 보내준 생활비에 자신의 장학금까지 합치면 그나마 생활을 이어갈 수 있었다. 그런데 아버지가 실직한 후부터는 첸쉐썬의 생활비도 끊겼다. 장학금으로 필요한 책들을 모두 사기에는 돈이 부족했다.

첸쉐썬은 더 많은 책을 읽기 위해 도서관 관리원, 짐꾼, 가정교사 등 가리지 않고 아르바이트를 했다. 심지어 도서관의 청소부 일도 마다하지 않았다. 책만 볼 수 있다면 무엇이든 기꺼이 했다.

1년도 채 안 되는 사이에 그는 백 권에 달하는 책을 읽었다. 그는 자신이 읽은 책들의 내용을 상세하게 기록하곤 했는데 책 내용의 주요 문제점을 하나하나 지적해낼 수 있었고 책의 제목만 말하면 곧바로 그 책의 내용을 말해 낼 수 있었다. 사람들은 첸쉐썬을 천재라고 생각하였다. 그러나 첸쉐썬은 자신이 이런 재능을 어떻게 키웠는지 잘 알고 있었다.

대학교에 입한 지 1년이 지났을 무렵, 첸쉐썬은 매우 뛰어난 논문을 써냈다. 그 논문은 주제나 구성, 그리고 내용 측면에서 독특한 관점과 심오한 사상을 반영하였다. 이에 상하이교통대학교의 교수님들은 첸쉐썬을 한껏 칭찬했다. 캠퍼스에서 첸쉐썬은 명성이 자자했다.

젊은 시절의 이야기를 되뇌며, 연로하신 첸쉐썬은 격동한 나머지 "당시 저에게 가르침을 주신 선생님들께 감사의 말씀을 드리고 싶어요. 그분들의 엄격한 요구가 없었더라면 그러한 지식을 평생 배우지 못했을 거예요."라고 말했다.

첸쉐썬은 대학 시절에 비록 비행기를 만들지 못했지만, 그가 쌓은 내공으로 충분히 비행기를 만들 수 있었다. 몇 년 후, 첸쉐썬은 상하이교통대학교의 전설로 남아 학생들 마음속의 본보기가 되었다.

4. '조기 연애' 풍파

상하이교통대학교에서 첸쉐썬은 유명한 인물이 되었다. 첸쉐썬이 나타나기만 하면 주위의 사람들은 약속이나 한 듯이 그에게 존경과 선망의 눈길을 던졌다.

그러니 단정한 앞머리에 긴 치마를 받쳐 입은 순수한 여대생들은 첸쉐썬을 얼마나 알고 싶어 했을까? 여대생들은 부지런한 첸쉐썬에게 끌렸다.

"베이징 표준어를 완벽하게 구사하는 저기 청년이 첸쉐썬인가? 정말 열심히 공부하네!"

"저 사람은 우리 학교의 수재라고 하던데!"

열일곱, 열여덟의 소녀들은 문이 굳게 닫힌 기숙사에서 작은 소리로 첸쉐썬을 의논하고 있었다.

"미래 내 반쪽이 첸쉐썬의 절반만 따라가도 만족하겠네." 침대에 누워있던 한 여학생이 말했다.

"그럼 차라리 고백해 봐, 너 같은 미모와 가정 출신이면 그가 동의할지도 모르잖아?"

"그래, 우리가 응원할게! 이런 인재를 놓쳐서는 안 되지."

룸메이트들은 이 소녀에게 고백을 부추겼다. 이 소녀가 바로 당시 상하이교통대학교에서 이름난 미인이었다. 그녀는 부잣집 아가씨로 이름이 아련(阿蓮)이었다.

여대생들은 이처럼 기숙사에서 큰소리로 떠들어 대고 있었다. 그녀들은 자신의 어머니와 달리 조신함과는 거리가 멀었다. 그녀들은 얼음과 눈이 녹아서 졸졸 흐르는 시냇가에서 피어나는 동백꽃마냥 적당한 공기와 햇빛을 만나면 예쁘게 피어날 것만 같았다. 아련도 마찬가지였다. 그녀는 동창의 부추김으로 마치 갓 결혼한 새색시처럼 부끄러워하였다.

첸쉐썬은 여전히 매일 교실과 기숙사 사이를 왕복하며 책과 그림에 빠져 있었다. 그런데 한 소녀가 조용히 그에게 다가오고 있었다.

학술 교류회에서 많은 전문가와 학자들은 첸쉐썬이 논문을 발표하는 소리에 귀를 기울이고 있었다. 그들은 고개를 끄덕이거나 가볍게 미소를 짓곤 하였다. 수백 명의 학생 중 한 명이 유난히 첸쉐썬을 뚫어지게 바라보고 있었는데 바로 아련이었다. 아련은 첸쉐썬을 바라보며 그의 발표를 열심히 듣고 있었다. 그녀는 얼굴이 붉게 상기되어 격렬하게 박수를 쳤다. 그녀는 첸쉐썬의 일거수일투족을 그렇게 유심히 바라보다가 그만 주위의 비웃는 시선을 놓쳐 버리기까지 하였다.

학술 교류회가 끝난 후 첸쉐썬은 학우들에게 휩싸여 회의장을 빠져나갔다. 모두들 첸쉐썬을 칭찬했으며 어떤 이는 심지어 첸쉐썬의 사인을 받고자 했다. 첸쉐썬은 미소를 지으며 거절했고 자신이 아직은 여러 학우들의 모범이 될 자격이 없다고 말했다.

그는 마침내 열정적인 학우들 사이로 빠져나와 빠른 걸음으로 도서관에 들어섰다. 도서관에 앉은 첸쉐썬의 마음은 점차 차분해졌다. 그는 도서관의 조용한 분위기에 익숙해 있었고 여기에서 즐거움과 충실함을 느낄 수 있었다. 그는 심오한 이론 서적들을 천천히 훑어보면서 다시 상상의 나래를 펼쳐 비상하기 시작했다.

이때 아련은 조용히 첸쉐썬에게 다가가 그를 방해하지 않고 그와 멀지 않은 곳에 앉았다. 아련은 손에 책 한 권을 들고 있었지만 책은 펼치지 않았다. 그녀는 묵묵히 첸쉐썬의 뒷모습을 주시하고 있었다. 고개를 숙여 책을 읽고 있는 첸쉐썬을 애틋하게 바라보는 아련은 마치 환상에 빠진 어린 공주처럼 순수해 보였다. 그녀의 표정은 마치 첸쉐썬이 자신을 돌아보기를 기대하는 것 같기도 하고 또 묵묵히 첸쉐썬의 뒷모습을 바라보는 것을 즐기고 있는 것 같기도 했다. 어쩌면 오랜 외로움을 견디지 못했을지도 모른다. 아련은 조바심이 났지만 그래도 두 시간을 기다렸다. 그동안 첸쉐썬은 그녀에게 눈길 하나 주지 않고 여전히 독서에 몰두하고 있었다.

기다리다 못해 아련은 살금살금 첸쉐썬에게 다가가 책을 그의 앞에 가볍게 놓았다. 깜짝 놀란 첸쉐썬이 고개를 들었다. 그러자 맑고 애틋한 한 쌍의 큰 눈이 시야에 들어오는 것이었다. 첸쉐썬은 어찌할 바를 몰라 했다.

수줍어하는 아련의 붉은 얼굴이 정말 아름다웠다.

그녀는 "한 가지 여쭤보고 싶은 게 있는데요?"라고 말을 건넸다

"말…… 말씀…… 하세……"

첸쉐썬은 목이 멘 듯 말을 더듬었다. 아련은 캠퍼스에서 유명한 인물이었다. 얼굴이 예쁜데다가 재주도 많았다. 첸쉐썬은 이렇게 훌륭한 아가씨가 지금 이 시각 자신에게 무엇인가를 가르쳐 달라 하리라고는 상상도 못했다.

두 사람은 서로 한마디씩 주고받으며 곧 열띤 토론을 벌였다. 두 청년은 어느새 서로 친숙한 사이가 되었다.

그 후부터 아련은 첸쉐썬을 자주 찾았다. 그들은 서로 공부 이야기를 나누거나 인생에 관한 이야기도 나누었다. 첸쉐썬은 아련을 친구로 여겼고 그녀와 함께 있을 때 행복하다는 사실을 깨달았다.

두 사람이 선을 넘는 일을 한 것은 아니었지만 캠퍼스에는 이미 두 사람을 둘러싼 소문이 퍼져 있었다. 첸쉐썬은 이와 관련해서 아련이 어떤 반응을 보일지 알고 싶어 했다. 그래서 그녀를 찾아갔다.

뜻밖에도 아련은 매우 기뻐했다. 첸쉐썬은 이에 무척 놀랐다.

"괜찮아요. 우리는 친구이니까!" 아련이 말했다.

"하지만 우리는 그들이 말하는 그런 친구가 아니잖아요! …… 그러면……" 첸쉐썬은 약간 더듬거렸다.

정열적인 여자였던 아련은 소문만으로 겁에 질린 첸쉐썬을 보고 상처를 받았고 그의 손을 뿌리치고 떠나갔다.

그녀는 첸쉐썬의 마음이 얼마나 복잡한지 알 수 없었다. 첸쉐썬은 마음을 나눌 수 있는 좋은 친구를 잃고 싶지 않았고 더구나 아름다운 이야기를 잃고 싶지 않았다. 그러나 이런 소문에 자주 휩싸이게 된다면 학업에 영향을 줄 것이다. 그렇게 된다면 어떻게 할 것인가? 공부에 어떻게 집중할 수 있을까? 그의 이상, 그의 분투 목표는 또 어떻게 실현한단 말인가?

그날 밤, 첸쉐썬은 거의 뜬 눈으로 밤을 새웠다. 그는 아련에게 편지를 보냈다.

아련 씨에게:

안녕하세요.

고심 끝에 용서를 빕니다. 소문은 소문일 뿐 악의가 없다는 것을 알고 있습니다만, 이미 저에게 영향을 준 것은 사실입니다. 우리가 고향을 떠나 공부를 하러 온 목적은 오직 한 가지입니다. 즉 공부하여 조국에 보답하는 것이지요. 저는 이야말로 현재 우리가 직면한 가장 중요한 일이라고 생각합니다.

하지만, 만약 우리의 교제가 이상적인 목표에 도달하지 못한다면, 저는 과거로 돌아가는 것도 나쁘지 않다고 생각합니다.

아련 씨가 학업에서 원만한 성공을 이루기 바랍니다!

첸쉐썬
1933년 10월

아련은 첸쉐썬이 절대로 시야가 어두운 사람이 아니라는 것을 잘 알고 있었다. 그의 이상은 부귀영화를 누리는 것도 아니고 권력과 미인을 노리는 것은 더구나 아니다. 첸쉐썬은 선진적인 지식과 심오한 과학을 추구하며 자신의 이상을 위해 분투하는 사람이므로 모든 불리한 요소를 하나하나 제거할 것이다.

소녀의 자존심과 부잣집 아가씨의 신중함 때문에 아련은 첸쉐썬을 더 이상 찾지 않았다.

한 차례의 잔잔한 연애 풍파는 그렇게 가볍게 첸쉐썬의 생활을 스쳐지나갔다. 그는 또 다시 평범한 일상으로 돌아왔고 캠퍼스에서 자유자재로 오갈 수 있게 되었다. 그의 환한 웃음은 여전히 매력적이었다.

제5장

부두는 점점 멀어져 간다. 손을 흔들며 작별을 고하던 부모님도 점점 작아지고 있다. 안개 속에 잠들어 있던 상하이탄도 멀어지고 있다. 그를 키워준 조국은 이렇게 서서히 희미해지고 있다.

첸쉐썬은 갑판 위에 올라서서 희미해지는 조국 대지를 바라보며 가슴이 벅차올랐다. 그는 마음속으로 "어머니, 반드시 돌아올 겁니다!"라고 외쳤다.

1. 해외 유학

1934년 첸쉐썬은 전교 이과 수석으로 총장으로부터 상장을 받으며 대학교의 생활을 유쾌하게 마쳤다.

같은 해 첸쉐썬은 칭화대학교의 국비 유학 시험에 합격했다.

첸쉐썬은 침통한 마음으로 시험에 참가했다. 대학교를 졸업하고 부모님 곁으로 돌아가는 것은 본래 즐거운 일이다. 그러나 열악한 사회 환경, 거리의 파괴된 건물, 낙후한 사회 생산력은 원대한 포부를 품고 있던 첸쉐썬으로 하여금 침묵하도록 하였다.

설마 내가 배운 지식이 이렇게 황폐화된단 말인가? 첸쉐썬은 파괴된 조국을 보며 혼잣말로 중얼거렸다. 그는 조국이 하루빨리 안정을 되찾기를 얼마나 바랐는지 모른다. 또 전쟁이 없기를, 조국의 경제가 발전하기를, 자신이 배운 지식으로 조국을 건설하기를 얼마나 바랐던가.

그 당시 중국에서는 공산당과 국민당이 정권을 다투고 있었다. 전국은 아수라장이 되어 있었다. 사람들은 매일 피난을 가기에 바빴다. 그러니 나라를 건설할 겨를이 있었을까?

중국의 현실적 상황은 첸쉐썬으로 하여금 계속 공부할 생각을 가지게 하였다. 마침 그 당시 칭화대학교에 국비 유학 프로젝트가 있었는데 첸쉐썬은 그 시험에 응시하여 합격하였던 것이다.

첸쉐썬이 유학을 가려는 나라는 미국이다. 그는 일찍이 언젠가는 미국에 가서 공부하면서 서양의 선진적인 기술을 배울 수 있기를 갈망했다. 그는 그리스 신화의 프로메테우스처럼 미국에서 불씨를 얻어 중국 대지를 밝게 비추고자 하였다.

아버지의 영향으로 첸쉐썬은 비행기제조학을 전공하기 위해 미국에 갈 준비를 했다. 아버지가 품고 있었던 실업보국의 이상을 아들인 그가 대신 실현하고 싶었다. 게다가 이 또한 신흥 나라를 부유하게 하고 백성을 강하게 할 수 있는 공업 기술이었다.

첸쉐썬은 어릴 적 꿈속에 나타난 작은 비행기, 변화무쌍한 신비로운 별하늘, 행복하기 그지없는 우주여행을 기억하고 있었다. 아득했던 이 소원은 반드시 현실이 될 것이다. 자신은 반드시 우주를 여행하는 기술을 배워 조국을 위해 힘을 이바지할 것이다.

이제 그는 머나먼 낯선 나라로 가서 기술을 배우고 어릴 적 자신과의 약속을 실천할 것이다.

1935년 조국을 떠나기 직전의 밤이다. 첸쉐썬은 묵묵히 짐을 챙겨주는 어머니 옆에 조용히 앉아 있었다. 흔들리는 불빛에 아버지의 얼굴은 쓸쓸하고 늙어 보였다. 그래, 아버지는 늙으셨다. 검고 숱이 많던 머리카락이 어느새 듬성듬성해지고 귀밑머리도 하얘지기 시작했다. 아버지는 생각에 잠긴 듯 또는 무엇에 이끌린 듯 꼼짝도 하지 않고 어스프름한 빛 속에서 마치 조각품처럼 묵묵히 앉아 있기만 했다.

첸쉐썬은 밭고랑처럼 깊숙이 파인 아버지의 미간에서 용솟음치는 복잡한 마음을 읽을 수 있었다. 수년간 묵묵히 교육 사업에 종사해 온 교육자였던 아버지께서는 곧 먼 길을 떠나는 아들을 두고 무슨 생각을 하고 계셨을까?

아마 아버지는 일본 유학 시절 중국인이 겪은 차별과 멸시, 가난한 중국백성들, 사람들이 굶어 죽어가는 거리, 시체들이 널브러진 들판 등등 처참한 장면들을 떠올렸을 것이며 전쟁의 폐허 속에서 중국이 나아가야 갈 길이 어디에 있는지를 고민했을 것이다.

애국이라는 정서에 이 지식인은 눈물을 흘렸다. 아버지는 줄곧 옆에 가만히 앉아 있는 아들을 보며 이렇게 말했다.

"내일 아침이면 집을 떠나게 되는구나. 이번에는 상하이가 아니라 외국으로 가는 거니 아버지로서 한 마디만 당부하겠다. 하루빨리 성공하여 조국을 위해 힘을 보태기를 바란다."

첸쉐썬은 아버지의 뜻을 너무나도 잘 알고 있었다. 그래서 묵묵히 듣고만 있었다. 그는 지난 20여 년 동안 조국을 위해야 한다는 아버지의 가르침을 들으며 성장해 왔던 것이다. 조금이나마 성공하기로서니 어찌 자신의 사명을 잊을 수 있단 말인가.

"아버지, 걱정 마세요. 아버지의 기대를 저버리지 않을 것입니다. 학업을 마치는 대로 속히 귀국하여 나라를 위해 힘을 보태겠습니다."

첸쉐썬은 아버지를 바라보며 단호히 말했다.

부드럽고 고요한 이른 아침의 황푸장(黃浦江)은 첫 번째 선객을 기다리고 있었다. 부두에 정박해 있던 미국의 잭슨프레지턴트호 선박은 짙은 안개에 뒤덮여 있었다. 이따금 한두 차례 울리는 기적 소리가 고요한 해변 상공에 메아리치며 선객들을 재촉하는 듯 했다.

첸쉐썬의 가족은 일찍부터 황푸장 부두에 도착해 있었다. 첸쉐썬은 어머니가 들고 있던 짐을 자신이 들겠다고 고집했지만 어머니는 아들에게 짐을 넘겨주지 않았다.

"어머니, 힘드실 텐데 제가 들겠습니다." 첸쉐썬은 코가 찡하고 눈시울이 붉어졌다.

"뭐가 힘들다고, 너는 좀 쉬고 있어. 배 타면 다 네가 들어야 되니까." 라고 말했다.

비록 아들이 처음으로 먼 길을 떠난 것은 아니지만 이제 외국으로 가면 언제 다시 볼지 모른다는 생각에 어머니는 아들을 애처롭게 바라만 보았다. 그러다가 어머니는 눈물을 훔치려고 몸을 돌렸다. 아들에게 그런 모습을 보이기 싫었기 때문이다. 그녀는 이별의 감정을 억누를 수밖에 없었다.

하지만 첸쉐썬은 어머니의 감정을 모를 리가 없었다. 전날 밤, 어머니가 오늘의 작별 때문에 한숨도 못 주무셨다는 사실을 잘 알고 있었다.

"트렁크 한 쪽에 속옷…… 양말은 가죽 가방 안에…… 그리고 먹을 것은 모두 이 작은 봉지에 있고, 부디 조심하거라."

어머니의 신신당부에 첸쉐썬은 일일이 대답했다. 자식이 멀리 떠나면 어머니는 걱정이 가득하기 마련이다. 스무 살이 넘도록 부모님 곁에서 효도하기는커녕 걱정을 끼쳐 드려 첸쉐썬은 자책감이 들었다.

아들의 마음을 알아챈 아버지는 "쉐썬아, 마음 편히 연구에 전념해야 하느니라. 집 걱정은 말고 말이다. 몇 년 지나면 네 여동생도 졸업할 것이니 우리를 돌봐줄 수 있을 거야."라고 하면서 첸쉐썬을 위로했다.

첸쉐썬의 여동생은 수업 때문에 오빠를 배웅하러 오지 못했다. 첸쉐썬은 여동생에게 편지를 남겼다.

> 사랑하는 여동생에게:
> 안녕.
> 　이 오빠는 유학의 길에 오른다. 언제 귀국할지 모르니 걱정이 앞서는구나. 부모님은 연로하시고 나날이 쇠약해지시는데 오빠는 이렇게 떠난다. 나라를 위해 헌신할 수 있는 능력을 갖추고자 유학의 길을 떠나니 어깨가 무겁구나. 예로부터 충성과 효도는 서로 상충된다고 하지 않던가. 이제 오빠는 어쩔 수 없이 충성을 위해 효도를 포기하게 되었구나. 오빠가 떠나면 부모님은 네가 모셔야 하는데 너무 미안하구나.
> 　그런데 다른 방법이 없구나. 네가 용감하게 중임을 맡고 오라비 대신 부모님을 잘 모시기를 바란다. 고맙다.
> 　학업에서 좋은 성과를 거두길!
>
> 　　　　　　　　　　　　　　　　　　　　　오빠 쉐썬으로부터
> 　　　　　　　　　　　　　　　　　　　　　　　　이별서

외항선의 엔진이 굉음을 내었다. 굴뚝에서는 연기가 뭉게뭉게 뿜어져 나온다. 잭슨프레지던트호가 곧 출항할 것이다.

첸쉐썬은 눈물범벅이 된 어머니를 꼭 껴안았다. 그는 자신을 낳아 주고 키워 준, 사랑하는 부모님 곁을 떠나는 것이 아쉬웠다. 아버지는 눈물을 삼키며 "쉐썬아, 이제 가야지."라고 말하면서 아들의 어깨를 다독였.

부두는 어느새 울음바다가 되어 버렸다.

외항선이 또 '부—웅' 경적을 울리며 배웅하는 사람들의 마음을 울렸다. 첸쉐썬은 어쩔 수 없이 아쉬운 듯 배를 향해 걸어갔다. 이따금씩 고개를 돌려 해안의 가족들을 향해 손을 흔들었다. 눈물이 왈칵 쏟아져 나왔다.

부두는 점점 멀어져 간다. 손을 흔들며 작별을 고하던 부모님도 점점 작아지고 있다. 안개 속에 잠들어 있던 상하이탄도 멀어지고 있다. 그를 키워준 조국은 이렇게 서서히 희미해지고 있다.

첸쉐썬은 갑판 위에 올라서서 희미해지는 조국 대지를 바라보며 가슴이 벅차올랐다. 그는 마음속으로 "어머니, 저는 반드시 돌아올 거예요!"라고 외쳤다.

2. 캠퍼스 안의 중국 청년

잭슨프레지턴트호에서 막 내린 첸쉐썬은 알아보기 힘들 정도였다. 20여 일간의 장거리 여정으로 많이 수척해 보였고 옷은 더럽고 너덜너덜해졌다. 북적거리는 부두 위에 선 그는 그야말로 거지꼴이었다.

사방을 둘러보니 급급히 밖으로 나가는 여객들 외에는 아무도 그를 주목하지 않았다. 첸쉐썬은 처음으로 무력감과 외로움을 느꼈.

입을 열어 사람들에게 말을 건네기 시작할 때에야 비로소 이곳이 미국이고 소통 언어는 영어뿐이라는 걸 깨닫게 되었다.

이 수줍은 젊은이는 얼굴을 붉히며 영어로 "실례합니다만…… 매사추세츠 공과대학에 가려면 어떻게 가야 합니까?"라고 부두 노동자에게 물었다.

우호적인 부두 노동자는 미국에 처음 온 이 중국 청년에게 길을 안내했다. 전차를 탄 첸쉐썬은 미국인의 선진 교통수단을 체감했고 대서양 연안에 위치한 이 해변도시를 보면서 감격스러웠다. 만약 이곳의 선진 기술을 배워서 그것을 조국 번영에 사용할 수 있다면 얼마나 좋을까! 그는 이렇게 생각했다.

책에서만 보던 찰스강이 마치 진주가 박힌 옥대처럼 하버드대학교와 매사추세츠공과대학교 사이를 조용히 흐르고 있었다. 이런 풍경을 바라보며 첸쉐썬은 끝없는 상상에 빠지게 되었고 그는 이곳을 사랑하게 되었다.

입학 첫 날, 관례에 따라 시험을 봐야 한다. 그렇지만 첸쉐썬은 상하이교통대학교의 학생이라서 시험을 볼 필요가 없다고 한다. 이 소식에 첸쉐썬은 자신의 모교와 조국이 자랑스러웠다. 이국 타향에 있으니 민족적 자존감을 더욱 강렬하게 느낄 수 있었다. 그는 조국을 떠난 후 처음으로 행복함과 즐거움을 느꼈다.

공손한 태도와 능숙한 영어 때문에 첸쉐썬은 곧 학과 교수님들과 친구들로부터 인정을 받게 되었다. 첸쉐썬이 있는 항공학과의 교수님들은 모두 지식이 해박한, 세계적으로 유명한 학자들이었다. 또한 노벨상을 수상한 과학자들도 있었다. 그들의 풍부한 지식과 엄격한 학풍은 첸쉐썬으로 하여금 자신감과 희망을 갖도록 하였다.

첸쉐썬은 이곳의 선진 기술과 완벽한 교육 시스템에 매료되어 모든 선진 지식을 탐욕스럽게 배우기 시작했고 태엽을 감는 시계처럼 밤낮없이 공부하기 시작했다.

이곳의 학습 환경은 상하이교통대학교보다 훨씬 좋았다. 첸쉐썬은 더 이상 가로등 밑에서 책을 볼 필요가 없었다. 밝은 교실도 있고 선진적인 교구도 있으며 자유롭게 드나들 수 있는 실험실도 있었다.

첸쉐썬은 굶주림을 달래 듯 공부에만 매진했다. 학교에 입학한 지 몇 달 만에 학교의 모든 교수님들께 가르침을 청했고 모든 실험실에 다 가보았다. 그는 매사추세츠공과대학을 지식 습득의 자유로운 천국으로 여겼고 세상에 공부보다 더 재미있는 일은 없다고 생각했다.

그는 곧 학우들의 선망의 대상이 되었다. 늘 이름 모를 학우가 소문을 듣고 그에게 가르침을 청하러 찾아왔다. 사람들은 더 이상 중국에서 온 이 젊은이를 얕보지 않았고 미국 학생들은 그의 지혜와 능력에 깊이 탄복했다.

이곳에서 첸쉐썬은 자연과학 외에 미국 역사에도 관심을 갖게 되었다. 그는 도서관을 자주 드나들면서 <세계역사>, <중국역사>, <미국역사>를 통독했다. 그러는 과정에서 미국에 대해 더 많이 알게 되었고 중국에 대해서도 더 깊이 이해하게 되었다.

첸쉐썬은 음악에 대한 취미가 생겨 바쁜 공부에도 불구하고 짬이 나는 대로 유명한 보스턴교향악단의 공연을 감상하기도 했다.

그는 시간을 빈틈없이 활용했는데 사람들은 이러한 그에 대해 호기심을 갖기 시작하였다.

"참 에너지가 넘치네."

"첸쉐썬은 완전히 슈퍼맨이네."

"그렇게 많은 수업을 듣고 그렇게 많은 책을 읽으면서도 교향악단의 연주는 한 번도 빼놓지 않고 들으러 가는 신기한 사람일세."

학우들은 첸쉐썬에 대해 이렇게 의논하며 의문을 품고 있었다. 하지만 첸쉐썬에게 있어서 그의 정신적 기둥은 사랑스러운 조국이었다. 그는 두 뇌를 지식으로 가득 채우고 조국으로 돌아가려고 했다.

사람들이 말하는 것처럼 모든 일이 다 척척 풀리는 것은 아니었다. 첸쉐썬도 때때로 어려운 문제에 직면했다.

첸쉐썬이 속해 있는 항공학과는 실험을 매우 중시하였다. 배운 지식을 더 깊이 이해하기 위해 첸쉐썬은 항상 하루 종일 실험실에 머물러 있어야 했다. 실험이 성공하지 않으면 절대 실험실에서 나오지 않았다. 그는 세상에 배울 수 없는 지식은 없고 배우지 못하는 사람만 있다고 스스로를 타일렀다. 모든 실험에 열중하다 보니 손이 거칠어지고 오랜 시간 고개를 숙이고 있다 보니 목도 뻣뻣해졌다. 그렇지만 굳건한 성격을 지닌 첸쉐썬은 포기하지 않고 실험을 해 나갔다. 때로는 실험 결과가 책에 소개된 것과 어긋나면 교수님들께 가르침을 청하러 갔다. 교수님들은 여러 차례 이 젊은이의 질문에 난감해한 적이 있었다.

이렇게 공부에 몰두한 덕분에 첸쉐썬은 불과 1년 만에 항공학과 석사학위를 따냈다. 학위를 받은 그는 매우 기뻤다. 왜냐하면 그는 그와 함께 학교에 입학한 같은 반 친구들 중에서 제일 먼저 석사 졸업장을 받았기 때문이었다. 그는 이 기쁜 소식을 가족에게 알리고 자신이 가족의 기대를 저버리지 않았다고 말하고 싶었다.

그 해 첸쉐썬은 겨우 25세였다.

3. 선택

이론만 배우고 실천을 하지 않으면 안 된다. 첸쉐썬은 석사학위를 받고는 자신이 비행기제조공장에서 실습할 수 있도록 학교 측에 도움을 청하였다. 그러나 행운은 항상 첸쉐썬을 따르는 것이 아니었다. 첸쉐썬이 기대에 부풀어 있을 때 처음으로 냉대를 받게 되었다.

비행기제조공장은 첸쉐썬이 중국인이라는 이유로 그를 거절하였다. 이 소식을 들은 첸쉐썬은 갑자기 천길 나락으로 떨어진 듯 고통스러웠고 자존심도 상했다. 어떻게 해야 할지 몰랐다.

귀국해야 할까? 아니다! 아직 아무 성과도 없는데 어떻게 고향에 돌아가 사람들을 만날 수 있단 말인가? 그럼 여기에 남는단 말인가? 인턴으로 받아 주는 곳도 없는데 말이다. 첸쉐썬에게는 자신이 앞으로 나아갈 방향을 이끌어 줄 사람이 필요했다. 하지만 이국땅에서는 오직 스스로를 믿을 수밖에 없었다.

고통스러운 선택 끝에 첸쉐썬은 미국에 계속 머물기로 결정했다. 그는 항공공학과 관련된 이론 공부에 도전하기로 했다. 그는 자신이 미국에서 받는 차별을 참을 수 없었다. 그는 자신의 능력과 지혜로 미국인들에게 중국인이 훌륭하다는 사실을 보여주고 싶었다.

1936년 가을, 미국 서부 해안의 캘리포니아주 로스앤젤레스에서이다. 첸쉐썬은 황금빛 노을에 젖어 있는 낙엽을 밟으며 교외에 있는 패서디나로 갔다. 그는 그 유명한 이공계 대학인 캘리포니아공과대학교에서 공부를 계속하기로 했다.

지금의 첸쉐썬에게 있어서 변화하기로 유명한 미국의 이 도시는 그야말로 붐비고 시끄러웠다. 거리에 끊임없이 이어지는 차량들, 할리우드 스튜디오에서 들끓는 사람들, 세계를 놀라게 한 빙하 화석들, 이 모든 것들은 첸쉐썬에게 있어서 그저 한낱 지난날의 영광일 뿐이었다. 이 젊은이는 그저 빨리 학교로 가고 싶은 마음뿐이었다.

첸쉐썬은 자신의 꿈을 품고 캘리포니아공과대학을 찾은 것이다. 매사추세츠공과대학에서 받은 냉대는 젊은 첸쉐썬으로 하여금 계속 미국에서 유학할 수 있는 자신감을 거의 잃게 했지만, 사명감은 이 굳센 의지를 가진 젊은이의 뜻을 꺾지 못했다. 계속 미국에 남아 있어야 할 뿐만 아니라 더 높은 과학의 절정을 향해 나아가야 한다.

캘리포니아공과대학은 역학 및 항공 동력학 연구로 유명하다. 여기에는 세계적으로 유명한 역학 대가인 폰 카르멘(Theodore von Kármán) 교수가 있다. 첸쉐썬은 폰 카르멘 때문에 캘리포니아공과대학을 선택했던 것이다.

"존경하는 교수님, 저는 매사추세츠공과대학에서 왔습니다."

폰 카르멘 앞에 공손하게 선 첸쉐썬은 마치 말을 잘 듣는 어린아이 같았다.

폰 카르멘은 머리를 들어 중간 키에 정중한 자세로 서 있는 이 중국 청년을 자세히 훑어보았다. 이 헝가리 유대인은 첸쉐썬의 방문이 의외인 듯 교활한 눈빛으로 첸쉐썬을 바라보았다.

"왜 역학을 공부하려고 하는 것인가?"

"저는 미국의 선진적인 기술에 매료되었고 특히 일 년 동안 미국에서 유학하면서 더 많은 지식을 배워야 한다는 생각이 들었습니다. …… 이론 연구는 끝이 없는 학문입니다. 저는 진심으로 대가를 스승으로 모시고 가장 험난한 과학의 난점을 돌파하여 그 절정에 오를 수 있기를 희망합니다."

첸쉐썬의 침착한 대답에 폰 카르멘은 한편으로는 놀랐고 또 다른 한편으로는 기뻤다. 그는 다시 한번 첸쉐썬을 자세히 훑어보았다. 넓은 이마, 날카로운 눈빛, 굳게 다문 입술, 침착하고 굳은 표정…… 인재를 아끼는 이 노교수는 무엇인가 예감한 것 같았다.

폰 카르멘은 이 중국 학생을 시험해 보고 싶어서 몇 가지 질문을 더했다. 그는 첸쉐썬이 모든 질문에 일일이 답할 줄은 생각도 못했다. 게다가 첸쉐썬은 그의 질문에 모두 깊이 있고 완벽하게 답했던 것이다. 폰 카르멘은 첸쉐썬의 민첩한 사고력과 두 뇌의 명석함에 끌렸다. 그는 아주 기뻐하면서 첸쉐썬을 제자로 받기로 했다.

첸쉐썬은 폰 카르멘 교수가 그렇게 빨리 자신을 제자로 받아줄 줄은 몰랐다. 그는 너무 흥분한 나머지 역학에 대한 자신의 관점을 폰 카르멘에게 쏟아놓기 시작하였다. 스승과 제자는 반나절도 안 되어 마치 오랜 친구 같은 사이로 되었다.

첸쉐썬은 겸손한 태도와 근면한 정신으로 이내 폰 카르멘 교수의 신임을 얻게 되었다. 30살 연상의 교수는 첸쉐썬을 친아들처럼 대했고 자신이 이끄는 구겐하임실험실로 안내했다. 그리고는 여기에서 첸쉐썬이 고속공기역학에 관한 박사논문을 완성하도록 지도하였다.

첸쉐썬은 유명한 교수의 지도를 받게 되어 은근히 기뻐하고 있었다. 이때 바다 건너의 아버지는 근심과 걱정에 싸였다.

첸쉐썬은 캘리포니아공과대학에 입학하기 전에 아버지에게 편지를 써서 전공을 역학이론으로 변경했다고 알렸다. 첸쉐썬은 아버지가 자신을 이해하고 지지해 주기를 바랐다. 그는 아버지가 비행기를 만들어 실업으로 나라에 보답하기를 희망한다는 것을 잘 알고 있었다. 그러나 현실은 아버지의 기대에 어긋나게 된 것이다.

멀리 중국에 있는 첸쥔푸는 자신의 아들이 당초 출국의 초심을 바꾸리라는 것을 생각하지도 못했다. 몹시 화가 난 이 애국자는 중국을 구하는 사업에 헌신하도록 아들을 설득하기로 마음먹었다. 그는 종이를 펴고 붓을 들어 열심히 답장 편지를 써 내려갔다.

"이론을 중시하고 실제를 경시하며, 의논만 분분하고 행동에 옮기지 않는 것이 바로 중국이 약하고 부진하게 된 큰 원인이다. 우리나라가 매우 긴박한 처지에 이르렀는데, 나라의 수요를 고려하지 않고 항공공학이론을 배우는 것은 그리 바람직하지 않구나……"

노인의 간절한 마음이 편지에 절절히 묻어나 있었다. 첸쉐썬은 아버지가 보낸 편지를 보면서 또 한 번 혼란에 빠지게 되었다.

조국으로 돌아가고 싶고, 아버지 곁으로 돌아가서 그에게 이유를 자세히 설명하고 싶었다. 만약 아버지가 그의 생각을 이해한다면 반드시 그를 지지할 것이라는 것도 잘 알고 있었다. 그러나 지금은 너무 멀리 떨어져 있다. 그리고 할 말은 많은데 편지에 다 담을 수 없었다. 그는 조국을 위해 일을 하려면 보다 장기적인 계획을 세워야 한다는 것도 잘 알고 있었다.

첸쉐썬은 언젠가 아버지가 아들의 뜻을 이해해 주기를 간절히 바랐다. 그는 충실한 기독교인처럼 조국을 향해 두 눈을 꼭 감고 작은 침대에 무릎을 꿇고 그의 진심이 아버지의 마음을 풀어 드릴 수 있기를 기도했다.

정말 신이 존재하는 것처럼, 얼마 지나지 않아 첸쉐썬은 아버지의 절친이 장바이리(蔣百裡)와 그의 부인을 만나게 되었다.

첸쉐썬은 너무 반가웠다. 그는 기쁜 마음에 평소 지저분하던 기숙사를 깨끗이 청소하고 가장 좋은 옷으로 갈아입고는 최고로 좋은 음식으로 장바이리 부부를 접대했다.

미국에서 처음 지인을 만난 첸쉐썬은 끊임없이 질문을 하며 마음속의 말을 모두 쏟아냈다. "조국의 상황은 어떻습니까?" "어머니는 건강하신지요?" "아버지는 아직도 화가 나 계신지요?" "제 여동생은 공부를 잘하고 있나요?"

그는 조국의 상황이 너무 궁금했다. 과거에는 학업에 전념하는 것으로 부모님과 이별한 슬픔을 달랬다. 그런데 지금 이 시각, 만리 밖에서 지인을 만나니 억눌렸던 감정이 북받쳤다.

첸쉐썬은 자신이 이미 25세의 어른이라는 것을 완전히 잊어 버렸다. 뺨을 만지거나 머리카락을 귀 뒤로 넘기거나 하면서 그는 자신의 학업과 생활에 대해 이야기했다. 그의 얼굴은 흥분으로 붉게 상기되어 있었다.

장바이리 부부도 감동을 받았다. 첸쉐썬이 준비한 햄과 통조림을 먹으며 흥미진진하게 첸쉐썬의 이야기를 들었다. 중간중간 첸쉐썬의 질문에 응답해 주기도 했다. 그들은 아이처럼 좋아하는 이 25살의 청년에게 끌렸다. 그들은 부모가 자식을 대하듯이 첸쉐썬의 모든 것을 포용했다.

첸쉐썬이 아주 어렸을 때, 장바이리는 첸쉐썬네 집에 자주 갔다. 첸쥔푸와 장바이리는 일찍이 동창이었고 사이도 좋았다. 장바이리가 군입대하면서 두 사람은 서로 왕래가 드물었지만 감정은 변치 않았다. 장바이리가 공무로 미국에 왔다가 첸쉐썬을 방문한 것도 역시 친구의 우정에서 비롯된 것이다.

장바이리는 중국에서 가져온 신문을 첸쉐썬에게 건넸다. 그러자 첸쉐썬은 "아하! 신문! 정말 오랜만에 한자를 읽는 것 같습니다."라고 하면서 흥분해 하였다.

그는 흥분해서 신문을 보다가 중국 혁명의 단계적 승리 소식에 껑충 뛰기까지 하였다. 방 안은 이 젊은이의 우렁찬 목소리로 가득하였다. 중국, 중국, 사랑해! 영원히 사랑해!

장바이리 부부도 첸쉐썬 때문에 즐거워했다. 장난꾸러기였던 어린 소년이 어느새 훌륭한 청년으로 자랐으니 기쁘지 않을 수 없었다. 일 년 내내 해외에서 활동하던 장바이리 부부는 첸쉐썬에 대해 희망으로 가득 찼다.

그날 첸쉐썬은 장바이리에게 자신의 이상을 털어 놓으면서 아버지가 자신을 이해해 주기를 바란다고 말했다.

사실 장바이리는 첸쉐썬을 내심 좋아했다. 그는 귀국 후 첸쉐썬을 지지하도록 친구를 설득하기로 마음먹었다.

과연 얼마 지나지 않아 첸쉐썬은 아버지의 편지를 받았다.

"아버지가 너를 오해했구나. 너의 선택이 옳았다. 열심히 공부하거라. 아버지는 널 지지할 것이다……"

첸쉐썬은 너무 기뻤다. 그는 자신이 마치 날개를 활짝 펴고 높이 날아오르는 독수리처럼 느껴졌다. 그 광활한 과학의 세계로 말이다.

4. 은사님과의 만남

아버지가 지지해 주니 모든 걱정이 사라졌다. 이 청년은 힘이 솟구쳐 밤낮을 가리지 않고 실험에 몰두하였다. 그 두꺼운 책들은 그의 손에 의해 한 장 한 장 넘어갔고 새 책장은 그가 표시해 둔 빨간색, 파란색 줄로 가득했다. 그는 솜씨가 좋은 재단사처럼 책에서 꿈을 펼쳐 나갔다.

구겐하임실험실 앞에는 아름다운 부용나무 한 그루가 서 있었다. 초여름이 되면 부용꽃이 가지에 가득 피어나고 그 불타는 꽃송이는 바람에 흔들리곤 했다. 가끔 한두 송이가 흐느적흐느적거리며 첸쉐썬이 공부하는 책상머리에 떨어졌다.

첸쉐썬은 실험실을 나가고 싶었다. 자유분방한 그는 산이나 해변으로 달려가 큰소리로 한바탕 외치고 마음껏 한 바퀴 달리고 싶었다.

그러나 자기관리에 능한 첸쉐썬은 그렇게 하지 않았다. 그는 뭔가를 이루어내려면 자신을 관리하는 데 능한 사람이어야 한다고 생각했다. 미국 청년들은 소풍도 가고, 춤도 추고, 여자친구랑 데이트도 하고 그랬다.

그러나 첸쉐썬은 이 모든 것들이 자신의 몫이 아니라고 생각했다. 그는 조국을 위한 사명감을 가지고 있었기 때문에 미국의 기술을 원했던 것이다.

창밖의 부용나무는 피었다가 지고, 지었다가 또 피곤 했다. 첸쉐썬은 머리를 파묻고 허리를 구부리고 펜을 급히 움직였다. 그는 산더미처럼 쌓인 자료들을 한 권 한 권 읽고, 또 한 권 한 권의 독서 노트를 작성했다. 그가 심혈을 기울여 쓴 노트는 책상에 가득 쌓이게 되었는데 이 노트들은 창문을 뚫고 들어오는 햇빛을 거의 가릴 정도였다. 오랜 시간 책상에 마주 앉아 있은 탓에 첸쉐썬은 늘 허리 통증에 시달렸다.

하루 18시간을 공부하는 첸쉐썬은 구겐하임실험실의 한 풍경이 되었다. 그는 침식을 잊은 채 공부했다. 이런 정신은 동창들을 매우 놀라게 했고 모두들 그가 미쳤다고 말했다. 시커먼 눈, 살이 빠진 작은 얼굴, 긴 머리카락과 장초같이 덥수룩한 수염, 실험에서 튀어나온 불꽃에 타버린 작업복……

그는 모든 정력을 실험에 쏟아 부었다. 그는 실험을 거의 멈추지 않았다. 그는 점심과 저녁을 거의 서서 먹다시피 하였다.

폰 카르멘은 감동을 받았다. 첸쉐썬이 바쁘게 움직이는 모습을 보면서 이 노교수는 마음이 아팠다.

"쉐썬아, 좀 쉬자."

"교수님, 이 실험을 끝내고 쉴게요." 이렇게 대답하면서도 첸쉐썬은 여전히 일을 멈추지 않았다.

학문을 좋아하고 부지런한 첸쉐썬은 폰 카르멘의 여러 제자들 중에서 곧 두각을 나타내기 시작하였다. 폰 카르멘은 특별히 첸쉐썬의 학습 정신과 학습 방법을 칭찬했다. 이 세계적인 역학 대가는 첸쉐썬과 함께 어려운 과제를 탐구해 나갔다. 첸쉐썬의 민첩한 사유와 예리한 통찰력은 폰 카르멘을 더욱 기쁘게 했다.

"미스터 첸이 내게 영감을 주네."

그는 항상 헝가리인의 호방한 성격과 유머러스한 손짓으로 자신이 아끼는 이 중국 제자를 모두에게 소개했다.

첸쉐썬의 뛰어난 지혜와 놀라운 기억력은 폰 카르멘으로 하여금 탄복하게 했다. 그는 첸쉐썬을 자신의 학생으로 생각하지 않고 학술을 교류할 수 있는 동료로 생각했다. 그는 첸쉐썬을 자신과 같은 세계적인 과학자로 키우기로 결심했다.

두 사람의 밀접한 협력은 구겐하임실험실의 연구 속도를 끌어올렸다. 한 사람이 실험을 하면 다른 한 사람은 실험 결과를 속기했다. 또는 한 사람이 자료를 조사하면 다른 한 사람은 기록을 대조했다. 그들은 너무 몰입한 나머지 실험 도구에 의해 머리카락이 타고 있다는 사실도 몰랐다. 실험실에서는 쾌활한 웃음소리가 났다가 또 다시 침묵이 흐르기도 했다.

캘리포니아공과대학의 사생들은 이 두 사람의 관계가 평범하지 않다는 것을 눈치챘다. 어떤 교수들은 폰 카르멘에게 주의를 주기도 했다.

"첸쉐썬과 허물없이 지내는 건 교수답지 않은 행동일세."

그럴 때면 폰 카르멘은 미소를 지으며 "첸쉐썬 앞에서 나는 교수가 아니라 동창일세." 라고 말하곤 했다.

사람들은 가끔 새벽 한두 시에 구겐하임실험실에서 나는 소리를 듣곤 했다. 그 소리는 헝가리 억양이 섞인 폰 카르멘의 흥분된 목소리였다.

폰 카르멘과 첸쉐썬의 실험은 또 한 번 성공했다. 흥분한 나머지 두 사람은 실험실에서 소리를 지르며 책상을 두드렸다. 그러자 테이블 위의 실험 도구들도 덩달아 춤을 추었다. 두 사람은 긴 수염이 뒤엉킨 채 포옹을 했다. 폰 카르멘은 기쁜 마음에 헝가리식 춤을 추기까지 했다.

그들은 너무나 기뻤다. 이 두 사람은 몇 달 동안 긴밀히 협력하면서 정이 들어 친한 사이로 발전하였다. 또한 성공의 기쁨은 두 사람을 어린애처럼 만들었다. 폰 카르멘은 테이블에서 실험용 비커를 집어 들고 첸쉐썬이 들고 있던 플라스크와 가볍게 부딪혔다. 이렇게 두 사람은 축하주를 마시는 척했다.

실험이 성공하면서 폰 카르멘은 역학계에서 꽤 영향력이 있는 논문을 또 한 편 발표하였는데 저자 란에는 첸쉐썬의 이름과 폰 카르멘의 이름이 나란히 씌어져 있었다. 이는 첸쉐썬이 처음으로 자신의 스승과 협력해서 써낸 훌륭한 논문이다. 그 후로 그들의 이름은 늘 붙어 있었다.

폰 카르멘은 중국에서 온 이 젊은이를 무척 좋아했고 첸쉐썬도 인재를 아끼고 소중히 여기는 카르멘 교수의 고상한 품성에 감동하였다. 그들은 실험실에서는 협력하는 파트너였고 일상생활에서는 친밀한 친구였다. 주말이 되기만 하면 폰 카르멘은 첸쉐썬을 그의 집으로 초대하곤 했다.

폰 카르멘의 생활은 그의 여동생이 도와주고 있었다. 55세가 된 폰 카르멘 교수는 과학을 위해 평생 결혼하지 않았다. 그의 여동생도 결혼하지 않았다. 폰 카르멘은 자기처럼 과학을 사랑하는 사람 곁에는 여자가 있으면 안 된다고 생각했다. 그의 여동생은 오빠를 너무 사랑했기에 자신의 행복을 기꺼이 희생하면서 평생 이 미친 과학자를 돌봐 주고 있었던 것이다.

처음 스승의 댁에 갔을 때 첸쉐썬은 집안의 따뜻한 분위기와 두 헝가리인의 밝은 성격과 유머에 빠져 들었다. 폰 카르멘은 미국에 정착한 지 2년밖에 안 됐지만 여동생 덕분에 집안은 정결하고 멋스러웠다. 아기자기한 소품에 창의성이 넘치는 디자인의 알람시계, 그리고 예쁜 카펫 등 집안의 장식품들은 정착지 없이 떠도는 첸쉐썬의 마음을 잠시나마 안착시키고 그로 하여금 평안을 느끼게 했다.

첸쉐썬의 속마음을 눈치 챈 카르멘의 여동생은 "여자친구 소개해 줄까요? 그럼 이렇게 아름다운 집에서 살 수 있을 거잖아요." 하면서 농담삼아 말하기도 하였다.

그럴 때마다 폰 카르멘은 "과학을 연구하는 사람은 결혼하지 않아. 결혼을 하더라도 중년 이후에 해야지."라고 말하면서 여동생을 혼내기도 하였다. 이 말에 모두들 웃음보를 터뜨렸다. 이 두 독신주의자는 첸쉐썬이 그들처럼 혼자 살기를 바랐고 그들에게 힘이 되어 주기를 바랐다. 매번 혼인 문제를 언급할 때마다 첸쉐썬은 얼굴을 붉히곤 하였다 .

스승의 댁을 방문할 때마다 카르멘과 그의 여동생이 첸쉐썬을 정성껏 대해 준 덕분에 첸쉐썬은 그곳에서 가족의 정을 느낄 수 있었다. 폰 카르멘의 여동생은 첸쉐썬에게 최고의 치즈와 가장 맛있는 감자튀김을 요리해 주었으며 때로는 요리책에서 배운 중국 음식 몇 가지를 만들어 주기도 하였다.

그때마다 첸쉐썬은 조국을 그리워하고 멀리 베이징에 있는 집, 부모님, 그리고 맛나는 중국 음식을 그리워하였다. 그는 짙은 채소 향기가 가득한 집으로 돌아가고 싶었다.

첸쉐썬은 폰 카르멘과 관계가 친밀한 덕분에 캘리포니아공과대학에서 주목받는 인물이 되었다. 사람들은 이 신비로운 중국인에 대하여 수군덕거렸다. 이에 대하여 첸쉐썬은 대수롭지 않게 여기고 여전히 매일 구겐하임실험실에 가서 폰 카르멘과 함께 새로운 과제를 연구하였다.

첸쉐썬이 협력한 덕분에 폰 카르멘은 정밀하고 통찰력 있는 논문을 수십 편 발표해 다른 교수들의 부러움을 샀다.

어느날 뛰어난 이론가이자 물리학과 교수인 파울 엡스타인(Paul Epstein)이 폰 카르멘을 찾아와 "첸쉐썬이 가끔 제 수업을 듣는데 아주 재능이 있더라고요." 라고 첸쉐썬을 극찬했다.

첸쉐썬을 칭찬하는 말에 폰 카르멘은 "그렇지요. 참 훌륭한 학생이지요." 라고 하며 웃음꽃을 활짝 피웠다.

"여쭤보고 싶은 게 있는데……" 엡스타인은 그 작은 눈을 깜박이며 익살스럽게 물었다.

"첸쉐썬이 유대인 혈통을 가지고 있다고 생각하지 않습니까?"

폰 카르멘은 이 말을 듣고 잠깐 망설였다. 그 당시 사람들의 인식으로는 유대인이 가장 지혜로운 민족이었다. 카르멘도 유대인이었다.

"아니요, 세계에서 가장 똑똑한 민족은 두 민족이 있습니다. 하나는 헝가리인이고 다른 하나는 중국인이지요. 첸쉐썬은 중국 사람입니다."라고 엡스타인의 질문에 카르멘이 대답했다.

매번 첸쉐썬의 국적을 언급할 때마다 폰 카르멘은 동료들에게 중국인은 지혜로운 민족이라고 자랑스럽게 말하곤 했다.

첸쉐썬은 카르멘에 대하여 매우 고마워했다. 카르멘의 도움으로 첸쉐썬은 매사추세츠공과대학교에서 겪은 마음의 상처를 완전히 떨쳐버릴 수 있었기 때문이다.

폰 카르멘과 함께 일을 하면서 첸쉐쎤은 지식적 측면에서 아직 미흡하다는 사실을 깨닫게 되었다. 그는 자신의 스승처럼 박식하고 과학의 세계에서 여유 있게 연구해 나가기를 갈망했다. 그러나 심오한 이론은 그를 좌절시켰다.

고통스러운 나머지 첸쉐쎤은 그의 고민을 폰 카르멘에게 털어놓았다. 그러자 폰 카르멘은 웃으며 "후학이 무섭다더니. 나는 올해 55세 나이가 되었다네. 자네는 25세 나이로 나보다 서른 살이나 어리고. 30년 더 공부를 한다면 분명히 좋은 성과를 낼 것일세. 만약 자네가 학술적으로 나와 동등해지기를 원한다면 고생할 각오는 있어야 하네."라고 말해 주었다.

상하이교통대학에서 첸쉐쎤은 기계공학을 전공했다. 그리고 매사추세츠 공과대학에서는 항공학을 전공했다. 지금 그는 또 역학을 연구하고 있다. 이 세 전공은 비록 연관성이 있지만 똑같은 것은 아니다. 첸쉐쎤은 가장 짧은 시간 내에 역학과 관련된 기초수업을 끝냄으로써 격차를 줄이기로 결심했다.

그는 미친 듯이 심오한 과제를 연구하기 시작했다. 처음에는 현대수학, 편미분방정식, 원자물리학 등 기초학과에 몰두하였다. 이어서 공기동력학, 상대성이론 등과 관련된 모든 이론 서적을 돌파하였다. 첸쉐쎤은 패서디나 곳곳에 자신이 분투한 흔적을 남겼다. 카르멘의 허락을 받은 첸쉐쎤은 다른 교수들이 강의하는 여러 기초강좌를 적극적으로 수강하였다. 매번 수업을 들을 때마다 그는 맨 먼저 교실로 가서 미리 준비한 질문을 공책에 적고 담당 교수의 설명을 열심히 들었다. 그리고 수업이 끝날 때마다 그는 만족스러워하였다. 어떨 때에는 담당 교수를 쫓아다니며 끊임없이 질문을 하기도 하였고 종종 제일 마지막으로 강의실을 떠나기도 하였다.

그의 두 뇌는 매일 고속으로 돌아가고 있었다. 친구들은 첸쉐쎤의 건강을 걱정했다. 왜냐하면 워낙 말랐던 첸쉐쎤이 더욱 홀쭉해졌기 때문이다. 카르멘도 첸쉐썬에게 건강에 신경을 써야 한다고 타일렀다. 그때마다 첸쉐썬은 미소를 지으며 버틸 수 있다고 대답했다.

사람들은 늘 책을 한 아름 안고 강의실 사이를 뛰어다니는 첸쉐썬의 모습을 볼 수 있었다. 그는 낮에 교수 네다섯 분의 수업을 듣고 밤에는 여러 과목의 숙제를 완성해야 했다. 그는 자신의 한계에 도전하면서 굳센 의지로 어려움을 극복하고자 했다. 그는 배우기만 하면 된다고 믿었다. 첸쉐썬은 밤새 잠을 설치기 시작했다. 물론 그는 두 뇌의 쾌속 회전을 멈출 수가 없었다. 가끔 첸쉐썬은 누워서 쉬고 싶었지만 눈을 감으면 낮에 배운 공식들이 영화처럼 머릿속에서 상영되고 낮에 본 내용이 눈에 선해 그를 흥분시켰다. 공부할 생각이 나면 그는 바로 침대에서 벌떡 일어나 옷을 제대로 입지도 못한 채 책상에 마주 앉아 공부에 몰두했다.

이렇게 모든 것을 제쳐두고 공부에 매진하던 어느 날, 그는 결국 병으로 쓰러지게 되었다. 심한 고열로 앓아눕게 된 것이다.

첸쉐썬의 얼굴은 벌겋게 달아올랐고 입안에는 피멍울이 생겼다. 그렇지만 의지가 굳센 첸쉐썬은 책을 손에서 놓지 않았다 .

그는 너무 추워 침대에 기대어 이불과 옷으로 몸을 감쌌다. 그래도 계속 부들부들 떨고 있었다. 치아까지 아래위로 부딪히면서 딱딱거렸다. 베갯머리에는 카르멘이 빌려준 책이 펼쳐져 있었는데 보아하니 이미 반쯤은 읽은 듯했다. 첸쉐썬은 오늘 그것을 다 읽으리라 마음먹었다. 왜냐하면 내일 폰 카르멘의 수업이 있었기 때문이었다.

그러나 지긋지긋한 고열에 첸쉐썬은 눈앞에서 책이 마치 구름인양 둥둥 떠다니는 것처럼 느껴졌다. 그는 정신을 가다듬지 못했고 머리가 텅 비어 있는 것 같았다. 아무 생각이 떠오르지 않았고 예전에 그렇게 익숙했던 것들도 웬 영문인지 전혀 기억나지 않았다. 첸쉐썬은 온몸이 쑤시는 것만 같아

책 한 장도 넘길 수가 없었다. 그는 매우 초조했고 고통스러웠다. 정신적 불안과 육체적 아픔에 그는 그만 기절하고 말았다. 극심한 고열이 이 강한 사람을 무너뜨린 것이다. 그는 침대에 비스듬히 쓰러졌고 손에 들고 있던 책도 바닥에 떨어졌다.

비몽사몽 중에 첸쉐썬은 마치 어머니를 본 듯 했다. 어렴풋이 보이는 어머니는 머리카락이 하얗게 변했고 얼굴에 주름이 가득했다. 어머니는 집 대문에 기대어 그를 바라보고 있었다. 첸쉐썬은 너무 기뻐서 어머니에게 달려가고 싶었지만 두 다리를 도무지 움직일 수가 없었다. 어머니 옆에는 아버지가 서 있었다. 아버지는 자기를 향해 손짓을 하면서 말을 하고 있었는데 뭐라 하는지 도무지 들리지가 않았다.

어머니, 어머니가 그립습니다. 집으로 돌아가고 싶습니다. 허리통증은 다 나으셨나요? 그리고 아버지, 저는 정말 아버지 곁에 앉아서 아버지께서 들려주시던 우주 이야기를 다시 한번 듣고 싶습니다.

첸쉐썬은 어렴풋이 누군가가 그의 입에 무엇을 먹여 주는 것을 느꼈다. 어머니, 그건 분명 어머니의 손이다. 어머니! 드디어 아들을 보러 오셨네요. 보고 싶었습니다. 어머니!

첸쉐썬은 어린 아이처럼 눈물을 흘렸다.

폰 카르멘도 눈물을 흘리며 첸쉐썬의 뜨거운 이마를 애처롭게 쓰다듬어 주었다. 그리고는 자신을 탓했다. 그의 여동생은 첸쉐썬을 보살피느라 정신이 없었다. 첸쉐썬은 이미 이틀 동안 물 한 방울도 마시지 않고 혼수상태에서 어머니라는 말만 되풀이하였다. 어머니를 애타게 부르는 첸쉐썬의 소리는 성격이 명랑한 이 헝가리 여인을 슬프게 했다.

폰 카르멘 남매는 열을 내릴 수 있는 모든 방법을 시도해 봤다. 그들은 인자하신 하느님이 이 부지런한 아이를 도와주기를 간절히 기도했다.

그렇게 사흘이 지나서야 첸쉐썬은 혼수상태에서 깨어났다. 깨어나서 처음으로 마주한 사람은 폰 카르멘이었다. 첸쉐썬은 눈물을 흘렸다. 그의 스승인 폰 카르멘은 눈에 핏발이 서 있었다. 첸쉐썬은 카르멘의 품에 와락 안겼는데 마치 자신의 고향집에 있는 듯한 따뜻함을 느꼈다.

이 사건을 계기로 첸쉐썬은 폰 카르멘을 더욱 존경하게 되었고 폰 카르멘은 첸쉐썬을 더욱 아끼었다. 그는 아버지처럼 첸쉐썬의 생활을 도와주었고 첸쉐썬이 아프지 않도록 잘 보살펴 주었다.

끈질긴 노력으로 첸쉐썬은 이론 학습에서 비약적인 발전을 하게 되었다. 그동안 이해하지 못했던 문제들에 대해 그는 하나하나 다 대답할 수 있게 되었다. 첸쉐썬은 자신의 3년 벼락치기 공부 방식을 '3년 출화법'이라고 웃으며 말했다. 때로는 폰 카르멘에게 "저의 3년이 거의 선생님의 30년을 따라잡은 것 같습니다."라고 농담을 하기도 했다.

폰 카르멘도 첸쉐썬이 3년 동안 열심히 공부한 끝에 어떤 면에서는 확실히 자신을 앞질렀다는 사실을 부인하지 않았다.

이 3년의 경험 덕분에 첸쉐썬은 학술 연구에서 더욱 대담해졌다. 그는 카르멘이 주최하는 학술심포지엄에 자주 참석했는데 그 학회에 참석하는 학자들은 모두 그 당시 매우 유명한 교수들이었다.

첸쉐썬은 이런 학회에서 많은 것을 배우게 되었다. 이 또한 폰 카르멘이 그를 과학자로 키우기 위한 방법 중 하나였다.

한번은 폰 카르멘이 첸쉐썬에게 학술보고를 하라고 했다. 첸쉐썬은 하겠다고 흔쾌히 대답했다. 그가 신나게 학회에서 발표를 마쳤을 때 어느 한 교수는 그와 다른 관점을 내놓았다. 첸쉐썬은 그 교수의 관점이 그릇되었다고 생각하여 그 자리에서 즉시 그 교수의 잘못된 논점을 가차 없이 지적했다.

학회 분위기는 갑자기 난처해졌다. 모두들 말없이 서로를 쳐다보고 있었다. 그런데 폰 카르멘만 웃고 있었다.

회의가 끝난 뒤 첸쉐쎤은 폰 카르멘에게 자신의 관점이 맞느냐고 물었다. 카르멘은 바로 대답하지 않고 "방금 자네에게 조언을 한 사람이 누구인지 아는가? 그는 당대 역학의 권위자인 폰 미제스(Von Mises)라네."라고 말하면서 웃는 것이었다.

첸쉐쎤도 자신의 대담함에 그만 웃고 말았다.

첸쉐쎤은 이런 농후한 학술적 분위기 속에서 끊임없이 배우고 있었다. 드디어 그는 1939년에 이론역학 분야에서 큰 성과를 이루어 학술적으로 선두에 서게 되었다.

폰 카르멘은 부지런한 학생에게만 주어지는 영예의 상장을 첸쉐쎤에게 손수 수여했다.

5. 로켓의 매력

첸쉐쎤은 캘리포니아공과대학에서 공부하는 동안 자신이 소속되어 있는 구겐하임실험실의 건물 2층에서 나는 폭발소리를 자주 듣곤 했다. 첸쉐쎤은 폰 카르멘에게 무슨 일이 벌어진 것이 아니냐고 몇 번이나 물어 보았지만 카르멘은 그저 웃기만 하고 대답해 주지 않았다. 그리고 첸쉐쎤더러 걱정하지 말고 실험에나 집중하라고 하였다.

그러던 어느 날 첸쉐쎤은 폰 카르멘이 그 2층 공간에서 나오는 것을 보았다. 카르멘이 입고 있던 흰색 작업복에 검게 타서 뚫린 작은 구멍이 있다는 것도 눈치챘다.

첸쉐쎤은 호기심이 싹 트기 시작했다.

한번은 실험을 끝내고 쉴 때 첸쉐쎤은 참지 못하고 폰 카르멘에게 그 2층에 대해 또 물었다. 그러자 폰 카르멘은 한바탕 웃더니 "그것도 내가 하는 실험 중 하나일세."라고 대답해 주었다.

더 궁금해진 첸쉐썬은 폰 카르멘을 따라 그곳으로 가보겠다고 졸랐다. 폰 카르멘은 망설이다가 결국 그의 부탁을 들어 주었다.

실험실 2층으로 올라가자 첸쉐썬은 눈앞에 펼쳐진 장면에 놀랐다.

와! 정말 큰 방이었구나. 저렇게 많은 램프, 저렇게 많은 금속 선반, 그리고 도처에 널려 있는 나뭇조각, 쇳조각, 강철막대기…… 그야말로 건설 현장이 따로 없었다.

첸쉐썬은 비틀거리며 카르멘의 뒤를 따랐다. 쇳조각에 걸려 그의 바지가 찢겨질 뻔도 했다. 그들은 가까스로 발을 내디뎠는데 곳곳에 병과 깡통이 어지럽게 쌓여 있었다. 방 한가운데 테이블이 하나 있었고 그 위에는 각종 정밀기기들이 놓여 있었다. 첸쉐썬은 이곳이 확실히 실험실이라는 걸 느꼈다.

폰 카르멘을 본 몇몇 젊은이들은 하던 일을 멈추고 선생님께 인사를 하는 것이었다. 그들의 얼굴에는 폰 카르멘에 대한 존경스러움이 어려 있었다. 폰 카르멘은 열정적으로 그들과 대화를 나누었고 이따금씩 그들의 실험 기록을 살펴보기도 했다.

첸쉐센은 아무 말 없이 카르멘 뒤만 따랐다. 머릿속은 의문으로 가득했지만 실험보고서를 보고 영리한 첸쉐센은 무언가를 깨달았다.

여기는 로켓 연구팀이다. 폰 카르멘으로부터 첸쉐썬은 이상한 단어, 즉 로켓이라는 단어를 들었다.

그 뒤로 호기심이 많았던 첸쉐센은 로켓이라는 신비한 물건에 매료되어 한가할 때면 로켓을 보러 가곤 했다. 그 몇 명의 젊은이들은 일을 하면서 첸쉐썬과 이야기를 나누기도 하였다. 첸쉐썬은 그들을 도와 물건을 들어 주거나 데이터를 기록해 주기도 했다.

곧 첸쉐썬은 그들과 친숙해졌고 이 과정에서 즐거움을 느꼈다. 이런 감정은 전에 느껴 보지 못했던 매혹적인 즐거움이었다.

첸쉐썬은 폰 카르멘에게 로켓 연구팀에 참여하고 싶다는 자신의 생각을 전했다. 진지하게 고민한 끝에 폰 카르멘은 첸쉐썬의 신청을 받아들였다. 첸쉐썬은 정말 기뻤다.

프랭크 말리나(Frank Malina)는 이 로켓 연구팀의 팀장이었다. 30대의 이 젊은이는 캘리포니아공과대학의 항공학과 학생이었다.

로켓 연구팀의 멤버들은 이미 첸쉐썬에 대해 들어본 적이 있었기 때문에 그의 합류를 환영했다. 물론 사랑스럽고 유머러스하며 겸손하고 근면한 첸쉐썬은 그들의 마음에 쏙 들었다. 말리나는 항상 첸쉐썬이 미국인들을 놀라게 한 중국인, 신비롭고 도전적인 아시아인이라고 말하곤 했다.

첸쉐썬은 그들과 금방 친해졌다.

로켓 연구는 위험하면서도 흥미진진한 작업이다. 이 자극적인 작업은 이 다섯 명의 젊은 연구원들로 하여금 연구 외의 모든 것을 잊게 하였다.

이런 도전적인 일은 첸쉐썬을 매료시켰다. 그는 말리나와 사소한 의견 차이로 얼굴이 빨개질 정도로 다투기도 하고, 또 한 번의 실험 성공으로 서로 포옹하기도 했다. 그들은 힘든 실험 작업을 함께 하면서 옷과 머리카락을 자주 태우곤 했으며 폭발로 인해 먼지를 온 몸에 뒤집어쓰기도 하였다.

폰 카르멘에게 있어서도 로켓 연구는 첫 시도였다. 그는 종종 첸쉐썬의 질문에 무력감을 느꼈다. 이는 지식에 대한 첸쉐썬의 탐구적 욕구를 더욱 자극했다. 그는 로스앤젤레스의 모든 도서관을 돌아다니며 셀 수 없이 많은 참고적 자료를 찾아 읽곤 했다. 이 신흥 분야는 유혹으로 가득 찬 블랙홀처럼 그들로 하여금 빠져들게 하였다. 첸쉐썬은 그것을 돌파하고 정복하기로 결심했다.

그 당시 사람들은 로켓이 무엇인지도 몰랐다. 다섯 명으로 구성된 연구팀의 역량은 한없이 부족했다. 그들은 재정적 지원과 인력이 절실히 필요했다. 하지만 알지도 못하는 이 실험에 누가 투자하랴?

첸쉐썬과 말리나는 이 연구를 홍보하기로 결정했다. 첸쉐썬은 캘리포니아 공과대학의 캠퍼스에 다음과 같은 나무 팻말을 세웠다.

존경하는 학우 여러분:
지원이 필요한 연구 분야에 아낌없이 손을 내밀어 주세요.
로켓 연구팀

그러나 이 홍보는 그들에게 행운을 가져다주지 않았다. 사람들은 여전히 자신의 돈지갑을 꽉 쥐고 그들에게 1센트도 베풀려고 하지 않았다.

그런데 뜻밖에 첫 기부금 1,000달러를 받게 되었다.

1937년 4월, 말리나는 구겐하임실험실 연구 회의에서 연구팀의 1년 동안의 작업 상황에 대하여 보고했다. 보고 내용은 첸쉐썬이 진행한 로켓 엔진 노즐 확산각이 추력에 미치는 영향, 말리나가 분석한 로켓 엔진에 대한 일부 실험 결과였다. 뜻밖에도 당시 물리실험실에서 조교로 일하던 아놀드(Arnold)가 그 보고를 들은 것이다. 그 후 아놀드는 로켓 기술의 전망을 판단하고 자진해 로켓 연구팀에 1,000달러를 기부하겠다고 했다.

말리나와 첸쉐썬은 이 소식을 듣고 정말 기뻤다. 그들은 이 1,000달러를 받고 바로 실험에 몰두하였다.

로켓 연구팀이 이 1,000달러를 받기 전까지는 실험실이 어떻게 운영되었는지, 그 과정이 얼마나 어려웠는지 그 누구도 상상하지 못한다. 경비가 없어서 그들은 폐품 창고와 일부 기업의 쓰레기 더미에서 실험에 쓸 재료를 주어

왔다. 그리고 그런 재료를 로켓 원료로 사용했다. 또 그들은 하루에 빵 한 개씩 먹으면서 모든 생활비용을 실험용품 구매에 다 써 버렸다.

그런데 지금 그들에게 1,000달러의 경비가 생겼다. 이 비용으로 본격적으로 로켓 실험을 할 수 있을까? 장담할 수 없었다. 그들은 더 심각한 도전에 직면하게 되었다.

처음에 로켓 연구팀은 구겐하임실험실이 있는 건물 2층에서 로켓 연구 작업을 시작하였다. 경험이 부족했기 때문에 건물은 실험으로 늘 난장판이 되었고 폭파 위험지로 변했다. 백발의 노교수들은 이런 환경을 견디지 못하고 항의했다.

폰 카르멘을 존경하는 원장 로버트 밀리건(Robert Andrews Millikan)은 이들을 꾸짖는 대신 실험할 공간을 제공해 주었다. 그는 구겐하임 실험실 건물 한 켠과 연결된, 아무도 사용하지 않는 콘크리트 플랫폼에서 로켓 연구를 하도록 지시했다.

로켓 연구팀은 구겐하임실험실 건물에서 이사해 나왔지만 그 주변은 늘 시끄러웠다. 실험용 로켓들은 종종 끔찍한 현장을 만들어 내기도 했다.

한번은 이산화질소를 산화제로 사용했는데 작은 로켓 엔진이 포환처럼 실험실의 천장에 매달리기까지 하였다. 연구팀의 설계에 따라 엔진을 점화하면 진자가 흔들려야 하고 이 흔들림으로 엔진의 추력을 판단해야 했다. 그러나 점화 장치의 불량으로 인해 위치 추적 장치 하나가 높이 튕겨 올라 벽 깊숙이 박히게 되었던 것이다. 이 사고로 엔진의 추력을 판단하기는커녕 가스 냄새가 건물 전체에 퍼졌고 자욱한 먼지가 건물을 뒤덮었다.

학교는 발칵 뒤집혔고 사생들은 이들에게 신변 보장을 요구하며 '로켓 연구팀'을 '자살 연구팀'이라고 불렀다.

실험 횟수가 늘어날수록 위험 수준도 높아졌다. 사생들의 반대로 총장은 폰 카르멘 교수에게 실험을 중단하라고 통보해야만 했다.

이에 첸쉐썬은 "말도 안 돼! 노래 연습하는 사람한테 입을 다물라는 것과 마찬가지잖아!"라고 하면서 격분해하였다.

그들은 곧 패서디나시 옆 알로요섹(Arroyo Seco)에서 실험 장소를 구했다. 이론 연구는 조용한 캠퍼스에서 진행하고 위험한 폭발 실험은 이곳에서 하기로 하였다.

이번 해 첸쉐썬과 말리나는 소형 로켓 엔진 실험소 건설을 제안했고 폰 카르멘은 이를 허락했다. 두 사람은 같은 해 겨울 『항공과학저널』에 「탐사 로켓 비행 분석」이라는 논문을 게재해 사회적으로 큰 반향을 일으키기도 했다.

첸쉐썬과 말리나의 우정도 이런 험난한 여정을 통해 돈독해졌고 그들은 영원한 친구로 되었다.

6. 전쟁의 수요

1938년 겨울, 나치 독일을 반대하는 전쟁이 시작되었다. 미국도 참전하였다. 미국 국민들은 정의의 깃발을 들었다.

첸쉐썬은 3년간의 대학원 공부를 마친 뒤 박사학위를 취득하고 캘리포니아공과대학에 남아 교편을 집았다. 그는 예전처럼 폰 카르멘을 스승으로 깍듯이 모셨다. 비록 그들은 동료 관계였고 첸쉐썬의 명성도 폰 카르멘 못지않았는데 말이다.

이 시기 첸쉐썬은 변함없이 그가 사랑하는 항공 기술을 탐구했다. 그는 기적을 만들기 위해 열심히 노력했고 끊임없이 새로운 성과를 내었다. 유명한 카르멘-첸(Karmarkar-Karp) 공식이 바로 이 시기에 탄생하게 된 것이다.

첸쉐썬과 그의 스승인 폰 카르멘의 이름은 『항공과학저널』에서 자주 볼 수 있었다.

전쟁으로 인해 로켓 연구팀에 약간의 변동이 생겼다. 첸쉐썬과 말리나 외에 연구팀의 나머지 세 사람은 이미 캘리포니아를 떠나 독일의 전쟁터로 향했다. 첸쉐썬과 말리나도 당초 로켓 엔진에 대한 연구에서 전쟁과 관련된 과학 연구로 방향을 틀었다. 그들은 마치 전쟁터에 나간 두 전사처럼, 밤낮을 가리지 않고 일하고 있었다. 그들은 전쟁의 현실에 입각하여 그들의 연구가 실용적인지 아닌지를 고려해야 했다. 피투성이가 된 전사들과 시체가 널브러져 있는 전쟁터는 늘 첸쉐썬의 마음을 아프게 하였다.

이 착한 사람은 평온을 잃을 정도로 나치 독일을 미워하였다. 이제 사람들은 전쟁으로 인해 생활하기가 힘들어졌다. 첸쉐썬에게는 한 가지 의문이 생겼는데 이로 인해 밤새 잠을 이룰 수가 없었다.

마침내 1943년, 미국 군부는 첸쉐썬에게 미사일 연구를 의뢰했다.

첸쉐썬의 마음속에 자리 잡고 있던 신비한 천사가 움직이기 시작했고 만 개의 태양이 그의 마음을 비추면서 첸쉐썬의 영감에 불을 붙였다.

말리나는 첸쉐썬을 지지하였다. 그들은 다시 예전처럼 다정하게 호흡을 맞추었다. 그들은 미군이 주는 지원금으로 황량한 교외에 실험용 건물을 구했다. 이 실험은 미국이 간절히 원하는 것이었다. 그래서 미국 군부에서는 첸쉐썬과 말리나를 상빈으로 대해 주었다.

인적이 드문 이곳에서 첸쉐썬과 말리나는 바쁘게 일하고 있었다. 그들은 필요한 재료와 책들을 이곳으로 모조리 날랐다. 두 사람은 예전의 연구가 오늘날 유용하게 쓰일 줄은 몰랐다. 그들은 하루에 두세 시간 잠을 자면서 미사일 연구에 매진하였다.

군사 행동이기 때문에 그들 두 사람은 군부에 의해 엄격하게 통제되었다.

필요한 물품은 군부에서 제공하였다. 첸쉐썬과 말리나의 요구가 아무리 높아도 군부에서는 다 들어 주었다. 다만 외부와의 접촉을 금했다.

적적한 생활에 익숙해져 있던 첸쉐썬에게 있어서 이런 외부와의 차단 생활은 견딜 수 있었다. 그러나 말리나는 부모님과 처자식을 만날 수 없어 낙담해 하였다.

고민과 적막을 달래기 위해서 첸쉐썬은 군부에 전기축음기 한 대를 신청했다. 그리고는 여러 해 동안 간직하고 있던 레코드를 꺼냈다. 밤이 깊어 인적이 없을 때 이 전기축음기가 그들에게 큰 위로가 되어 주었다.

그들은 LA 필하모닉 오케스트라의 연주 음반을 자주 들었다. 초연이 자욱한 실험실에서 그들은 음악을 천천히 음미하고 있었다.

음악은 그들로 하여금 고독과 고단을 잊게 했고 평화와 안녕을 더욱 갈망하게 했다. 그들은 전쟁으로 고통 받는 사람들을 구할 수 있는 실험이 하루빨리 성공하기를 매일 기도했다.

첸쉐썬과 말리나는 이 황량한 곳에서 그 누구도 두려워하지 않고 대담하게 실험을 하고 있었다. 거대한 굉음이 고요한 밤을 자주 들썩이게 하였다. 하늘로 치솟는 불빛이 흥분에 들뜬 첸쉐썬의 얼굴을 비추었다. 매번 실험으로 인해 자욱한 먼지가 오두막을 뒤덮곤 했다. 그때마다 두 사람은 기뻐하며 실험용 모자를 벗어 몸에 묻은 먼지를 털곤 했다.

수많은 실험 끝에 1943년 11월 첸쉐썬과 말리나는 「장거리 로켓에 대한 논평과 예비 분석」이라는 보고서를 제출했다. 이 논문에서 첸쉐썬은 장거리 로켓 미사일의 몇 가지 가능성을 분석하면서 "현재 육군이 사용하는 것보다 발사거리가 더 멀고 폭발 하중능력이 더 강한 로켓을 충분히 만들 수 있다."는 결론을 내렸다.

이 논문은 군부의 관심을 끌었고 폰 카르멘도 첸쉐썬을 적극 지지해 나섰다. 미국 육군은 곧바로 캘리포니아공과대학에 이 방면의 연구에 착수하라는 명령을 내렸다.

이때는 제2차세계대전이 한창이었다. 독일 전선은 이미 새로운 단계에 진입하였고 미군은 파죽지세로 전쟁을 밀고 나갔다. 전쟁은 새로운 기술의 출현을 기다리고 있었다. 군부의 명령을 받은 첸쉐썬, 폰 카르멘, 말리나는 고된 작업에 몰두하였다. 이들은 실험실 앞에 철근 시멘트로 높은 담벽을 쌓고 실험용 버튼을 설치했다. 첸쉐썬은 그 높은 담벼락 위에서 각종 기기의 정확도를 체크하였다.

이러한 실험들은 정밀하고 엄밀해야 했다. 첸쉐썬은 가장 정확한 데이터를 얻기 위해 계산에 너무 몰두해 하마터면 높은 곳에서 떨어질 뻔했다.

첸쉐썬과 말리나는 더 나은 실험 장비를 확보하고 실험 효율을 높이기 위해 육군군계서에 계획서를 제출하였고 캘리포니아공과대학의 제트추진실험실에 지원 요청을 했다. 이 요청은 모두 받아들여졌다.

암암리에 첸쉐썬은 자신의 꿈을 실현할 날이 점점 더 가까워지고 있다고 느꼈다. 그는 긴 시간 구부리고 작업하여 생긴 심각한 허리 통증, 야외 작업 조건의 열악함, 장거리 이동의 고통을 다 잊었다. 그는 자신의 실험 결과를 계속 기록하였다. 데이터로 가득 찬 종이들이 그의 쉼터인 작은 침대를 가득 메웠다.

첸쉐썬은 미사일이 국방 건설에서 점점 중요해지고 있다는 것을 깨달았다. 그는 펜타곤과 캘리포니아공과대학 사이를 오갔다. 그는 미국 정부에서 제트무기부라는 새 기관을 설립하기 바랐다. 이러한 기관은 미국 국방의 명성과 위엄을 떨칠 수 있었다.

첸쉐썬은 자신이 지금 하고 있는 모든 일이 얼마나 중대한 의미를 가지고 있는지 모를 수도 있다. 미국의 로켓 사업은 그의 수많은 계산지와 보고서로 전개되고 있었다. 첸쉐썬은 열정과 근면으로 열심히 농사짓는 농부처럼 일하고 있었으며 그가 제안한 제트실험실은 전속력으로 운영되고 있었다.

한편으로 유럽 전선에서 미군은 독일군의 맹공격을 받고 있었고 많은 병사들이 사망했다. 이렇게 엄중한 상황은 미군이 첸쉐썬의 연구를 더욱 주목하게 되었다. 그들은 상당한 인력과 재력을 동원해 첸쉐썬이 미군의 승리를 가져다줄 무기를 만들어 내도록 지원하였다.

1944년 6월, 뉴욕에서 휴식을 취하고 있던 폰 카르멘은 당시 미국 육군 항공병 사령관 아놀드(Arnold) 장군의 소환을 받았다. 이들의 비밀 회담은 아놀드 본인의 자동차 안에서 이루어졌다. 이 웨스트포인트군사학교 출신의 고위 장교는 건장한 몸을 곧게 펴고 매우 엄숙하게 폰 카르멘에게 "미국은 반드시 승리할 것이오. 카르멘 교수가 앞으로 20~30년, 심지어 50년의 미국 공군 발전 계획을 세울 전문가 연구팀을 구성하여 이끌어 주기 바라오."라고 말했다.

얼마나 영광스럽고도 어려운 임무인가! 폰 카르멘이 가장 먼저 떠올린 사람은 바로 첸쉐썬이었다. 그는 첸쉐썬에게 보낸 초청장에 이렇게 썼다.

"캘리포니아공과대학의 로켓연구팀의 원로이자, 제2차세계대전 기간 미국의 로켓 연구에 중대한 기여를 한 사람으로서, 나의 초청을 거절하지 않기를 바란다."

이렇게 첸쉐썬은 다시 중대한 임무를 맡게 되었다. 그는 이 로켓연구팀에서 주임 직무를 맡았다.

36명의 전문가로 구성된 이 연구팀에서 첸쉐썬은 모두가 신뢰하는 인물이었다. 그의 날카롭고 밝은 한 쌍의 눈은 길을 잃은 동료들을 안심시켰다. 그는 실험이 극도로 위급한 순간에 항상 모두에게 안정을 되찾도록 격려해 주었다. 그는 이 연구팀의 전문가들에게 있어서 너무나 중요한 사람이었다.

매일 아침, 연구팀 문 앞에는 사람들이 모여들었고, 사람들은 전날 밤 해결하지 못한 문제들을 첸쉐썬에게 물었다. 질문이 끝이 없었지만 첸쉐썬은 하나하나 체계적으로 답해 주었다. 질의와 응답이 오가는 긴장된 분위기 속에서 연구팀 팀원들은 하루의 일과를 시작하곤 했다.

연구팀이 미국의 공군 발전 계획을 세우느라 한창 바빠 보내고 있을 때 제2차 세계대전도 막바지에 이르렀다. 이는 수백만 미국인들을 극도로 흥분시켰다. 어머니는 아들을 다시 볼 수 있었고 아내는 남편을 다시 만날 수 있었다. 사람들은 환호했고 미국 전국이 들끓었다.

미국 육군 항공병 사령부도 전쟁이 곧 끝날 거라는 소식을 받았고 장교들은 그들이 이룬 승리에 기뻐했다. 그러나 아놀드 장교의 마음속에는 또 다른 전쟁, 바로 선진기술을 점유하는 전쟁에서도 승리하고 싶은 욕망이 있었다. 이 통찰력 있는 장교는 폰 카르멘에게 명령했다.

"급히 독일로 가서 독일의 선진 미사일 성과를 입수해 오는 동시에 기술 전문가들을 모셔오게."

이는 미국의 우주 무기를 발전시키는 데 있어 유용한 지름길이었다.

연구팀의 이 점잖은 전문가들을 다시 보자. 그들은 미군으로부터 계급장을 수여받았고 전선의 병사들만이 입는 군복을 입었다. 병사들이 쓰는 무거운 모자는 연로한 전문가들이 머리를 거의 움직이지 못하게 하였다.

첸쉐썬도 미군으로부터 대령 계급을 수여받았다. 위엄 있는 군복을 입은 34세의 첸쉐썬은 이 특별한 팀에서 특별한 인물이 되었다. 그의 단단한 어깨 위는 반짝이는 계급장으로 빛났다.

연구팀은 C-54형 비행기를 타고 화약 냄새로 가득한 독일로 향했다. 그들은 가장 가치 있는 군사과학기술을 얻기 위해 가는 것이었다.

첸쉐썬은 폰 카르멘을 따라 독일 브라운슈바이크 근처에 위치한 소나무

숲으로 왔다. 여기에는 독일 공군의 비밀 연구 센터가 있었다. 나치 수장이 직접 지휘하는 이 연구기지는 얼마나 거대한가. 첸쉐썬은 56채의 건물로 구성된 이 연구기지에서 어느 건물이 미사일을 연구하는 곳이고, 어느 건물이 비행기 엔진을 연구하는 곳인지 쉽게 알아내지 못했다.

우거진 숲속을 걸으며 첸쉐썬은 동서남북을 거의 찾을 수가 없었다. 그는 때때로 망원경으로 브라운슈바이크의 상징적인 건물을 바라보았다. 그의 옷은 빽빽한 나뭇가지에 걸려 조각조각 찢어졌다. 그의 손과 얼굴에서는 피가 흘렀다. 그와 함께 간 다른 두 명의 전문가는 탐색을 멈추고 쉬기로 했다.

첸쉐썬은 옷에 있는 천 조각으로 자신의 손과 목을 감싸고, 나뭇가지를 꺾어 가면서 힘겹게 앞으로 나아갔다. 그는 사람의 발길이 드문 곳에 더욱 귀중한 무엇인가가 있을 것이라고 믿었다.

아니나 다를까 절벽 아래에서 첸쉐썬은 로켓을 전문적으로 연구하는 군사기지를 발견했다. 연구자들은 찾아볼 수 없었고 거대한 로켓 발사대만 쓸쓸히 서 있었다. 이 익숙한 발사대를 보면서 첸쉐썬은 매우 흥분해 하였다. 그는 거기에 있는 모든 장비를 조사하고 그들의 기술성과를 분석했다. 그리고 이곳에서 첸쉐썬은 300만 부나 되는 연구 보고서와 1500톤이나 되는 실험장비를 발견하였다. 첸쉐썬은 마치 금빛이 반짝이는 보물을 보는 것 같았다. 그는 미친 듯이 그 희귀한 데이터들을 필사하기 시작하였다. 쌓인 종이 뭉치가 그를 에워쌌다. 이 데이터들은 수만 번의 시험을 거쳐 얻어진 것들이었기에 첸쉐썬은 이 자료들의 귀중함을 잘 알고 있었다.

독일에서 돌아온 후, 첸쉐썬은 「우리는 어디에 있는가」라는 보고서를 작성했다. 그는 데이터를 비교해 독일과 미국의 기술 격차를 분석했고 6,000마일 발사거리의 로켓을 제작할 수 있는 연구 방안을 제시했다.

넓은 시야와 날카로운 통찰력을 소유한 첸쉐썬은 미국 군부로부터 많은 사랑을 받았다. 제2차세계대전이 끝날 무렵, 첸쉐썬은 "평가할 수 없을 정도로 거대한 기여를 한 사람"으로 불리며 미국 육군 항공병 사령관 아놀드 장교로부터 표창을 받았다.

첸쉐썬은 미국에서 "미국을 세계 일류의 군사강국으로 거듭나는 데 도움을 준 과학자, 은하계에서 밝게 빛나는 별"로 여겨졌으며 미사일 연구팀의 "핵심 인물"로서 명성을 떨쳤다.

7. 사랑

근면과 빛나는 성과 덕분에 첸쉐썬은 미국 국내에서 환영을 받았다. 그의 이름은 거대한 광고판에 올라갔으며 여러 대학에서는 그를 초청하기 시작하였다.

매사추세츠공과대학에서도 첸쉐썬이 모교로 돌아와 교수직을 맡기를 바랐다. 매사추세츠공과대학은 이곳에서 공부했던 외국 청년에게 최고의 대우를 약속했다. 매달 1500달러의 급여와 상당히 아름다운 2층짜리 작은 주택을 제공했다.

36세의 첸쉐썬은 여기에서 충분한 자유를 느꼈다. 어느 실험실이든지 자유롭게 들어갈 수 있었고 학교의 모든 실험장비를 사용할 수 있었다. 또한 재능이 있는 대학원생을 자신의 제자로 선택할 수 있었다. 선택된 학생들은 그의 강의를 들을 수 있었기에 그의 제자가 된 것을 큰 영광으로 생각하였다.

첸쉐썬은 성공의 기쁨을 체험했고 한 남자로서 성취감을 느꼈다. 하지만 그는 이것으로 만족하는 데 그치지 않고, 매일 가장 먼저 실험실로 들어가 폰 카르멘 교수와 함께 연구한 과제를 학생들이 오기 전에 다시 한 번 실험해 보곤 했다.

그와 폰 카르멘 교수는 미국 공군의 고문 역할을 수행하고 있었으며 이 두 친밀한 전우는 함께 일하면서 미국의 각종 군사 시설을 방문하곤 하였다. 스승과 함께 하는 것은 첸쉐썬에게 있어서 가장 기쁜 일이었다.

어느 여름날, 첸쉐썬은 먼 중국에서 아버지로부터 온 편지를 받았다.

"…… 며칠 전에 네 어머니가 돌아갔단다. 임종 시 네 이름을 불렀느니라. 내가 살아있을 때 너를 한 번 볼 수 있기를……"

편지 속 글귀 하나하나가 첸쉐썬의 마음을 깊이 울렸다. 그는 침대에 누워 어린 시절의 기억을 떠올렸다. 눈물이 베개를 적시었다.

다음 날, 첸쉐썬은 학교에 보고한 뒤 곧장 고향으로 돌아가기 위해 비행기에 올랐다. 그는 아버지를 만나러 가야 했다.

12년 만에 첫 귀국이었다. 그는 가방이 터질 정도로 많은 선물을 샀다. 그는 아버지가 자신을 보는 모습, 친척과 친구들의 모습을 상상하며 가슴이 두근거렸다.

비행기는 천천히 상하이 룽화(龍華) 공항에 착륙했다. 12년이란 시간이 흘렀다. 그가 기억하고 있던 상하이도 변했다.

그는 사람들 사이에서 기계적으로 걸었다. 다양한 소리가 그의 귀를 가득 메웠다. 그는 곧장 집으로 향했다.

집에서 첸쉐썬은 어린 시절의 친구, 장바이리의 셋째 딸인 장잉(蔣英)을 만났다. 그녀는 독일에서 음악을 전공한 유학생이다.

그날 장잉은 연한 파란색 민소매 치파오를 입고 있었다. 아름다운 긴 머리카락이 그녀의 부드러운 어깨 위로 흘러내렸다. 그녀의 예쁜 눈동자는 장난기로 빛났다. 27살이 된 그녀는 첸쉐썬에게 여전히 10여 년 전처럼 말했다.

"쉐썬 오빠, 오빠가 경험한 것을 얘기해 줘."

"무슨 좋은 경험이라고. 네가 독일에서 그랬듯이 외롭고 고단한 거지 뭐."

제5장　97

첸쉐썬도 마치 과거로 돌아간 듯, 어린 시절의 친구 앞에서 36살의 그는 오랜만에 느껴보는 감정이 마음을 스쳤다.

장잉의 등장은 첸쉐썬의 외로운 마음에 조금이나마 위안을 주었다. 귀국 후 그가 본 폐허와 같은 조국의 모습은 첸쉐썬을 실망시켰다. 그렇지만 장잉이 자주 그의 곁을 지키며 많은 근심을 덜어 주었다. 둘 다 유학 경험이 있기에 그들은 끝없는 대화를 이어나갔다.

그들은 독일의 건축, 비엔나의 음악, 그리고 미국의 맨해튼에 대해 이야기했다. 그들은 자신이 본 것, 느낀 것을 열정적으로 서로에게 전하고 싶었다. 매일 밤, 장잉은 자신의 집을 떠나는 첸쉐썬의 뒷모습을 우두커니 바라보곤 했다. 그녀는 그와 헤어지기 싫었다.

첸쉐썬도 이전에는 경험해 보지 못한 감정을 장잉에게서 느꼈다. 그것은 사랑이었다. 그는 장잉에게 반한 것이다. 매일 아침, 눈을 뜨는 순간부터 첸쉐썬은 그녀가 보고 싶었다. 첸쉐썬은 장잉의 웃음과 표정을 그리워하였다. 이 사랑스러운 여성은 그에게 많은 즐거움을 가져다주었다. 그는 누군가를 이렇게 좋아해 본 적이 없었고 누군가와 함께하고 싶어 한 적도 없었다. 첸쉐썬은 스스로에게 말했다.

"사랑에 빠졌구나!"

첸쉐썬과 장잉의 모습은 시골에서 자주 볼 수 있었다. 거기에는 시끄러운 사람도, 군대와 총소리도 없었다. 장잉은 즐겁게 들판을 뛰어다니곤 하였다. 그녀의 붉게 물든 얼굴은 너무나도 아름다웠다. 그녀의 은방울 같은 웃음소리가 평화로운 들판으로 퍼져 나갔다. 첸쉐썬은 잠을 자는 척하다가 갑자기 매가 병아리를 잡듯이 장잉을 붙잡기도 하였다. 두 사람의 즐거운 웃음소리가 온 들판에 가득했다.

그들의 관계는 첸쥔푸의 눈을 피해 가지 못했다. 이 60대의 노인은 너무나도 기뻐했다.

"나는 네가 장잉과 결혼하기를 바라느니라."

아버지의 말을 듣고, 첸쉐썬은 온 몸이 끓어오르는 것 같았다. 이 또한 자신이 아버지께 부탁하려고 했던 일이 아니던가. 세상에! 아버지는 아들을 너무도 잘 알고 있었다. 첸쉐썬은 흥분한 나머지 이 소식을 장잉에게 알리고자 집을 뛰쳐나갔다. 무엇보다 사랑은 그들을 갈라놓을 수 없기 때문이었다.

장잉은 자신의 귀를 믿을 수가 없었다. 첸쉐썬이 세 번째로 그녀와 결혼하겠다고 말했을 때, 감정이 풍부한 이 여성은 흥분하여 첸쉐썬과 포옹하였다. 장잉은 그들의 사랑이 이렇게 순조롭게 진행될 줄 몰랐다. 마음의 준비가 덜 된 상황에서 사랑이 갑자기 찾아올 줄 누가 알았으랴. 그들은 아주 기뻐하였다.

사랑스러운 이 한 쌍의 연인은 마침내 햇살이 따사로운 아침에 인생에서 가장 행복한 순간을 맞이한 것이다.

이날 장잉과 첸쉐썬은 아버지에게 고맙다는 말을 얼마나 많이 했는지 모른다. 그들은 얼굴이 굳어질 정도로 웃음을 멈추지 못했다. 사람들의 끊임없는 축배로 장잉의 아름다운 치파오에는 술 냄새가 배었다. 술에 약한 첸쉐썬은 친구들이 권하는 술을 마시고는 취하여 쓰러지기까지 하였다.

사람들은 이 원만한 결혼에 대하여 감탄하였다. 신랑과 신부가 잘 어울리는 이 결합에 대해 친척과 친구들은 매우 흡족해 하였다. 모두들 첸쥔푸한테 가복이 많다며 덕담을 해 주었다. 첸쉐썬과 장잉은 고향에서 화제의 인물이 되었다.

첸쉐썬은 결혼한 지 얼마 안 되어 미국으로 돌아가야 했다. 그는 국내의 상황에 대해 걱정을 하였다. 왜냐하면 국내에서는 자신이 재능을 발휘할 기회가 없었기 때문이었다. 그리하여 그는 다시 미국에 가서 연구에 매진하기로 결정하였다.

친구들은 이 소식을 듣고 잇달아 첸쉐썬을 찾아와 국내에 남으라고 권했다. 그렇지만 첸쉐썬은 그의 이상이 덜 실현되었다고 하면서 결정을 바꾸지 않았다. 그는 학술적으로 더 정진하여 조국이 안정과 평화를 찾는 그날에 다시 귀국하여 조국을 위해 봉사하겠다는 뜻을 세웠다.

첸쉐썬은 사랑하는 아내 장잉과 함께 조국을 떠났다.

이번 여정 내내 첸쉐썬은 무척이나 기뻤다. 더 이상 혼자가 아니라 그의 곁에 다정하고 예쁜 신부가 있었기 때문이었다.

매사추세츠공과대학교에는 환락의 분위기로 가득했다. 첸쉐썬이 중국인 아내와 같이 왔다는 소식이 캠퍼스에 퍼졌다. 사생들은 많이 놀랐으며 첸쉐썬의 집으로 모였다.

첸쉐썬은 매사추세츠공과대학교에서 멀지 않은 곳에 신혼집을 마련했다. 주변이 조용하고 공기도 신선하여 두 사람에게 딱 맞는 이층짜리 집이었다. 그들은 낡은 이 집을 아름답게 장식하였다. 부드러운 카펫 위에 누워 그들은 음악을 감상하며 행복한 시간을 즐겼다.

장잉 덕분에 첸쉐썬의 삶에는 많은 변화가 일어났다. 매일 아침 장잉은 일찍 일어나 첸쉐썬에게 식사를 준비해 주곤 하였다. 장잉의 이 모습을 본 사람들은 감동했다. 왜냐하면 미국에서는 남편을 위해 이렇게 일찍 일어나는 현모양처가 그리 많지 않기 때문이었다.

첸쉐썬은 온화한 아내와 함께 단란한 가정을 꾸려 나가면서 무한한 행복을 느꼈다. 아내가 만들어 준 케이크나 샐러드를 먹을 때면 첸쉐썬은 행복했다. 하지만 첸쉐썬은 행복에 빠져 있기만 한 것은 아니다. 그는 단시간 내에 더욱 첨단적인 기술을 배우기로 결심했다. 그는 조국이 곧 평화를 맞이하게 될 것이라 굳게 믿고 있었고 새 중국이 성립되면 곧 귀국하여 자신의 꿈을 이루고자 했다.

1948년을 전후로 첸쉐썬은 미국에서 유학하는 중국 학자들에 의해 미국의 중국엔지니어학회 회장으로 선거되었다. 사람들은 그를 첸 박사라고 높여 불렀다.

첸쉐썬은 낮에는 바쁜 공무로 보냈고 밤에는 연구와 학습에 몰두하였다. 그에게 있어서 시간은 촉박했다.

이 시기 첸쉐썬은 원자력 엔진에 관심을 갖게 되었다.

1949년 9월, 첸쉐썬은 매사추세츠공과대학에서 캘리포니아공과대학으로 자리를 옮겼다. 원자력 연구 영역에서는 캘리포니아공과대학이 매사추세츠공과대학보다 연구적 환경이 더 우월했기 때문이다. 그는 이용할 수 있는 모든 조건을 동원하여 연구의 난관을 돌파하겠다고 마음먹었다.

캘리포니아공과대학, 얼마나 익숙한 곳인가. 첸쉐썬은 구겐하임실험실 앞에서 그와 오랜 세월을 함께 보낸 부용나무를 바라보았다. 그는 가슴이 벅찼다. 폰 카르멘 교수와 또 같이 일할 수 있다니!

자신감이 배가 된 첸쉐썬은 그에게 명예를 안겨준 이곳에서 1년도 안 돼 원자력 로켓 기술에 관한 첫 논문을 완성했다.

이 논문은 그 후 10년 동안 이 분야의 경전이 되었다.

첸쉐썬은 가장 행복한 시기를 보내고 있었다. 이 시기 그는 두 아이의 아버지가 되었다. 화목한 가정과 성공적인 사업으로 첸쉐썬은 생활의 즐거움을 느꼈다. 그는 종종 집안일을 분담하기도 하였디. 첸쉐썬의 사업을 위해 장잉은 많은 희생을 했다. 남편과 아이를 위해서 교양이 있는 이 여성은 자신이 좋아했던 모든 사교 활동을 포기했다.

제6장

"첸쒜썬은 우리에게 너무 중요하니 무슨 수를 써서라도 첸쒜썬을 붙잡고 있어야 해. 그는 너무 많은 걸 알고 있어."

"첸쒜썬을 죽일지언정 절대로 미국을 떠나게 해서는 안 돼!"

1. 구속

첸쒜썬이 과학을 향해 질주하고 있을 때 그가 사랑하는 조국에도 여명이 찾아왔다. 1949년 10월 1일, 중화인민공화국이 탄생하였다.

첸쒜썬은 회의 중에 가슴 벅찬 이 소식을 들었다. 그는 곧바로 같이 있던 친구들과 껴안으며 축하했다. 그는 감격하여 눈물을 흘렸고 횡설수설하였다. 그 자리에 있던 학자들은 박수를 치며 그를 축하해 주었고 첸쒜썬의 애국심에 감동했다.

첸쒜썬은 회의가 끝나기 바쁘게 빠른 걸음으로 회의장을 나갔다. 그는 격동된 마음을 억누를 길이 없었다. 이 소식을 곧바로 그의 아내와 친구들에게 알리고 싶었다.

거리는 이 경사를 축하하고 있는 중국 유학생들과 화교들로 북적거리고 있었다. 그들은 오성붉은기를 들고 웃음꽃을 피우며 폭죽까지 터뜨렸다. 경축의 불꽃은 온 하늘을 붉게 물들였다. 오랫동안 타국을 떠돌던 이들은 이 순간 조국에 대한 그리움과 친척들에 대한 걱정을 한꺼번에 쏟아내고 있었던 것이다. 그들은 크게 외쳤다.

"조국이여, 사랑합니다. 중국이여, 사랑합니다. 중국, 나의 사랑하는 어머니여!"

첸쉐썬도 이런 거대한 행복에 스며들었다. 그는 너무 기쁜 나머지 눈물을 흘렸다.

추석날 밤 캘리포니아공과대학의 맞은편 공원에서 첸쉐썬 부부와 중국인 유학생들은 모임을 가졌다. 그들은 달 밝은 이 밤에 조국을 위해 축배의 잔을 들어 올렸다. 그리고는 모두들 감격스러운 눈물을 흘렸다.

예전에 미국인들은 그들을 무시했다. 돌아갈 조국이 없다고 말이다. 이국 땅에서 남에게 얹혀사는 고통을 유학생들은 잘 알고 있었다. 그런데 지금 조국은 해방이 되어 곳곳마다 밝은 기운이 흘러넘치고 있다. 미국인들도 다시는 그들을 무시하지 못할 것이다. 그들에게는 조국이 있으니까. 이 얼마나 벅찬 일인가!

그들은 덩실덩실 춤을 추기도 하였고 중국 민요를 부르기도 하였다. 거리와 공원은 그들의 웃음소리로 가득했다. 이 작은 공원이 마치 무대인 것처럼 그들은 여기에서 조국의 해방으로 웃기도 하고 울기도 하면서 한없이 기뻐하였다.

이 모임에서 첸쉐썬은 "이제 조국이 해방되고 우리도 학업을 이루었으니 조국 건설에 힘을 쏟아야 할 때가 온 것 같습니다. 조국은 전후 복구 건설을 금방 시작했으니 인재가 많이 필요할 것입니다. 모두들 적당한 시기에 귀국하여 조국 건설에 뛰어들기를 바랍니다."라고 말하였다. 그의 이 말은 그 자리에 있던 중국인들의 꿈이었던 것이다. 모두들 하루빨리 조국으로 돌아가 조국 건설에 자신의 힘을 이바지하리라는 강한 신념을 갖고 있었다.

모임이 끝나자 모두들 각자 집으로 돌아갔다. 그러나 첸쉐썬 부부는 조용히 풀밭에 앉아 있었다. 밝은 달이 하늘에 떠 있다. 풀은 싱그러운 냄새를 풍기고 있다. 공기는 가을 냄새로 시원하다. 장잉은 첸쉐썬의 어깨에 가볍게 기대어 공원이 내뿜고 있는 이 부드러움을 한껏 즐기고 있었다.

이날부터 첸쉐썬은 귀국의 날만을 학수고대하였다.

첸쉐썬은 여전히 그의 연구에 몰두하면서 밤낮으로 부지런히 일하였다. 그는 자신이 미국의 과학기술을 완전히 습득하지 못했음을 알고 있었다. 그리하여 귀국하기 전에 이곳의 첨단기술을 최대한 습득하여 귀국 후에 사용할 수 있기를 희망했다.

1950년 설날이 갓 지났을 무렵, 첸쉐썬은 미국 뉴욕의 큰길을 걷고 있었다. 눈이 내린 하늘은 맑고 푸르렀으며 공기도 유난히 맑았다. 그는 방금 회의에서 한 연설 때문에 흥분했다. 그는 촉촉한 공기를 깊이 들이마셨다. 회의장에 울려 퍼진 우레와 같은 박수 소리가 귓전에 맴돌고 있었다.

이번 회의에서 첸쉐썬은 로켓과 미사일의 속도에 관한 논문을 발표했다.

"이 로켓이 시간당 1만 마일을 날아갈 수 있다는 것은 가능한 일일 뿐만 아니라 이제 거의 완성 단계에 이르렀고 이론적으로나 실천적으로나 모두 중대한 진전을 이루었습니다……"

첸쉐썬은 청중을 내려 보다가 그들이 이해하지 못할까 봐 손에 잡히는 대로 분필 한 토막을 집어 들고는 칠판에 연필 모양의 그림을 그리기 시작하였다.

그는 이 연필 모양의 그림을 가리키며 "이런 모양의 로켓이나 미사일은 미래에 1만 마일 날아갈 수 있을 겁니다. 길이 약 90피트, 특수 혼합 연료를 합치면 전체 무게는 5톤 정도 될 것입니다. 이 연료로 시간당 9,700마일 속도로 발사할 수 있을 것입니다."라고 말했다.

첸쉐썬의 로켓 이론은 당시 놀랍다는 평가를 받았다. 그가 발표를 마친 지 얼마 지나지 않아 뉴욕 등 일부 도시의 신문은 첸쉐썬의 사진과 그가 설계한 로켓의 그림을 싣기도 했다.

첸쉐썬의 성과는 그에게 수백만 위안의 돈을 벌게 하였다. 하지만 친구들은 첸쉐썬 부부가 종래로 저축을 하지 않고 그 돈으로 책을 사들인다는 사실을 알고 있었다. 누군가 왜 자꾸 책을 사느냐고 물으면 첸쉐썬은 언제나 신비롭게 웃으며 책이야말로 그에게 가장 필요한 것이라고 말했다.

이때 미국에는 사막에 갑자기 돌풍이 불어 닥치는 것처럼 공포의 그림자가 드리웠다. 미국 당국에서는 "매카시(McCarthy) 반공정책"을 실시하면서 공산당에 연루된 사람이라면 모두 체포하였는데 일부는 처형하고 일부는 감금했다. 많은 외국인들도 그들의 수사 대상이었다.

조용한 캘리포니아공과대학도 혼란에 빠지게 되었다. 모두의 얼굴에는 긴장함이 어려 있었고, 누구든 "매카시"라는 세 글자를 꺼내면 사람들은 무서워서 얼굴이 새파랗게 질렸다. 많은 외국인 교수들은 말을 아꼈지만 그래도 악마 같은 "매카시" 군대에 끌려갔다. 학교는 발칵 뒤집혔고 학생들은 수업을 들을 수 없게 되었다.

흉한 소식이 전해지면서 1936년부터 1939년 사이에 로켓 연구팀에 소속되어 있던 사람들은 지속적으로 박해를 받기 시작했다. 장잉은 매우 두려웠다. 왜냐하면 첸쉐썬도 이 시기에 로켓 연구팀에 소속되어 있었기 때문이었다.

갑자기 어느 날, 미국 연방수사국의 사람들이 첸쉐썬의 실험실에 들이닥쳤다. 그들이 다짜고짜 첸쉐썬을 데려 가려고 하자 첸쉐썬의 동료들은 막아

나섰다.

"왜 그를 잡아 가려는 것이오?"

"공산당이니까!"

"헛소리 하지 마시오. 첸 박사는 유명한 로켓 전문가이지, 공산당이 아니란 말이오!"

"로켓을 만드는 사람을 잡으려고 하다니!"

그래도 수사국 사람들은 첸쉐썬을 작고 검은 차에 밀어 넣었다. 첸쉐썬은 잡혀 갈 때도 작업복을 입고 있었으며 분노의 눈길로 막무가내인 이 사람들을 노려보고 있었다.

경비가 심한 군사기지에 도착한 후에야 첸쉐썬은 그 작고 검은 차에서 내렸다. 한 취조실에서 그들은 범인을 취조하듯 첸쉐썬에게 물었다.

"시드니 하인바움(Sidney Weinbaum)이라는 사람을 아는가?"

첸쉐썬은 아무 말도 하지 않았다. 그는 지금까지 이렇게 충격적인 고통을 받은 적이 없었다.

"대답이 없으면 묵인하는 거야."

험상궂게 생긴 사람이 첸쉐썬에게로 다가왔다.

"우리는 첸 씨가 일찍이 그에게 일자리를 소개해 주었고 또 그의 집을 방문한 적이 있다는 것도 알고 있어. 만나서 뭐 했나?"

첸쉐썬은 그의 말에 격분하여 의자에서 일어나 "당신들은 법을 지키지 않는가? 여긴 민주 국가야, 무슨 근거로 나를 붙잡지? 남을 돕는 것도 잘못인가? 당신들은 이런 도리도 모르나?"

의외로 그 사람은 하하하 웃으면서 "법률? 민주? 하하하…… 법은 우리를 위해 봉사하는 것이야. 이 외국 놈들아, 우리나라에 몰래 숨어 들어왔으면서 무슨 민주를 운운하는 것이냐! 대답하지 않을 거야? 하지 않으면 감옥에 집어넣을 거야, 감옥에서 민주를 누리게 해주지, 하하하……"라고 말하였다.

첸쉐썬은 매우 고통스러웠다. 그는 친구를 배신할 수 없었다. 양호한 교육을 받은, 이 교양 있고 정직한 사람은 그들의 무리한 요구를 거절하였다.

이 때문에 그는 연구의 권리를 박탈당해 로켓 연구를 할 수 없게 되었다.

첸쉐썬은 그가 좋아하는 일을 이렇게 아무런 이유도 없이 그들 때문에 중단할 줄은 몰랐다. 예전의 모든 것이 정말 꿈만 같았다. 갑자기 삶이 빛을 잃는단 말인가?

매일 저녁 첸쉐썬은 밤하늘의 반짝반짝 빛나는 별들과 은은히 빛을 발하는 달을 바라보곤 하였다. 그때마다 고향 생각이 났다. 무언가를 잃어버리면서 향수병이 도졌던 것이다. 첸쉐썬은 정말 날개라도 돋쳐 조국으로 날아가고 싶었다. 하루빨리 이곳을 떠나고 싶었다. 연구할 권리조차 없는데 사는 게 무슨 의미가 있겠는가? 과학 실험을 못하는데 여기에 있으면 무슨 보람이 있겠는가?

첸쉐썬은 생각할수록 괴로워 눈물을 흘렸다.

이 무렵 첸쉐썬은 여동생으로부터 아버지가 수술을 할 예정이니 오빠가 수술 여부를 결정해 달라는 편지를 받았다.

첸쉐썬은 조바심이 났다. 여기에서 연구하든가 아니면 이곳을 떠나야지. 그는 용사처럼 미국의 해군 사단장 다니엘 킴벌(Daniel Kimball)을 찾아갔다.

"왜 나의 연구 권리를 박탈하는기요?"

첸쉐썬은 화가 나서 눈을 부릅뜨며 쏘아붙였다.

"연구를 못하게 한다면 난 귀국할 것이오!"

"뭐라고?"

킴벌은 의자에서 벌떡 일어나 외계인을 보는 듯 눈을 부릅떴다.

첸쉐썬은 화가 나서 미국 당국의 부당한 대우를 킴벌에게 알렸고 그에게 도와 달라고 요청했다.

킴벌은 난처해했다.

어떻게 하지? 로켓 연구를 다시 하라고 할까? 킴벌은 이를 결정할 큰 권력을 가지고 있지 않았다. 그럼 귀국하라고 할까? 킴벌은 눈앞의 첸쉐썬을 바라보았다. 미국의 군사 기밀로 가득 차 있는 두 뇌, 유명한 로켓 이론 전문가, 이 소중한 과학자를 중국으로 돌려보내는 것은 호랑이를 산으로 풀어주는 격이 아닌가?

아니, 돌려보내면 안 돼!

킴벌은 만면에 미소를 지으며 첸쉐썬을 달래 보려고 하였다.

그러나 첸쉐썬은 이미 귀국을 결정했기에 난처해진 킴벌을 사무실에 둔 채로 사무실에서 나왔다.

이에 킴벌은 매우 초조했다. 그는 서둘러 FBI에 전화를 걸었다.

"첸쉐썬은 우리에게 너무 중요해서 귀국시켜서는 안 됩니다. 그는 너무 많이 알고 있어서 어디를 가든지 5개 사단과 맞먹는 힘을 발휘할 것입니다."

드디어 이 위선적인 미국 고위 장교는 그의 음험하고 추악한 면모를 드러냈다.

"나는 이놈을 죽일지언정 미국을 떠나지 못하게 할 것이야!"

킴벌의 사무실에서 나온 첸쉐썬은 불운이 닥칠 것 같은 예감이 들었다. 그래서 그는 평소 알고 지내던 동료들과 인사를 나눌 겨를도 없이 황급히 집으로 달려갔다.

집에 가보니 장잉이 준비한 캐리어 두 개가 거실에 놓여 있었고 두 아이는 엄마의 보살핌을 받으며 즐겁게 놀고 있었다. 첸쉐썬은 장잉에게 설명할 겨를도 없이 식구들을 데리고 급히 공항으로 달려갔다. 하지만 FBI 요원들이 그곳에서 첸쉐썬을 기다리고 있었다.

그들은 첸쉐썬에게 그가 미국의 법을 어겼기 때문에 귀국할 수 없다는 이민국 문서를 보여 주었다.

첸쉐썬은 화가 나서 얼굴이 하얗게 질렸다. 이 강인한 과학자는 공항에서 하마터면 실신할 뻔했다. 서서히 이륙하는 비행기를 보며 첸쉐썬과 장잉은 부둥켜안고 울음을 터뜨렸다.

끝없는 소환이 이어졌다. 그러나 첸쉐썬이 죄를 지었다는 증거 자료는 그 어디에서도 발견되지 않았다. 그러자 미국 측에서는 첸쉐썬이 이미 배에 실었다는 그의 책 속에 기밀문서가 들어 있다고 모함하고 병사들에 800kg에 달하는 책들과 메모 뭉치들을 뒤지게 하였다. 이 광경을 지켜보는 첸쉐썬은 슬펐다. 그는 자신의 인생 중에서 가장 빛나는 시간 20년을 이 나라에 바쳤다고 생각하였다. 그런데 오늘날 이 나라는 그를 왜 이렇게 가혹하게 대하는지 이해할 수가 없었다. 첸쉐썬의 고난은 이때부터 시작되었다.

2. 공포의 감옥

미국 당국에서는 보초병 두 명을 첸쉐썬의 집 문 앞에 세워 두어 24시간 첸쉐썬을 감시하도록 하였다. 또한 야밤에 첸쉐썬의 방에 침입하여 침실을 수색하기도 하였다. 첸쉐썬은 자신이 이런 대우를 받을 줄은 꿈에도 생각하지 못했다. 행복했던 나날은 사라지고 지옥과 같은 생활이 시작된 것이다. 문밖에서 인기척이 들리면 장잉은 "두려워하지도 무서워하지도 말거라!"라고 하면서 두 아이를 꼭 껴안곤 하였다.

미국 당국에서는 첸쉐썬과 그의 가족을 못살게 굴었다. 첸쉐썬은 하루하루 초췌해져 갔다. 예전에 깨끗했던 얼굴에는 수염이 가득했고 머리카락도 풀무더기처럼 헝클어져 있었다. 그는 마음의 상처를 입었다. 억울함과 분노가 그의 마음을 가득 채웠다. 한때 관심을 가졌던 연구 과제도 지금은 손을 댈 수가 없다. 불행한 이 사람은 삶에 대한 자신감을 거의 잃어버렸다.

미국 당국에서는 1950년 9월에 "비밀문서 운반 시도"와 "반갑지 않은 이기적 분자"라는 죄명으로 첸쉐썬을 집에서 잡아 갔다.

장잉은 어린 두 아이를 안고 남편이 잡혀가는 것을 볼 수밖에 없었다. 그녀는 가슴이 찢어질 듯 아팠다. 집안은 울음소리로 가득했다. 이렇게 단란했던 한 가정은 무서운 그림자에 휩싸이게 되었다.

자유를 얻기 위해 첸쉐썬은 이민국 구치소에서 미국을 상대로 소송을 제기하였다. 그는 법치사회에 정의가 살아 있을 것이라고 믿었다. 차디찬 철창 안에서 이 집요한 사람은 3시간에 걸쳐 소송장을 완성했다. 그는 변호사를 선임하여 법률로 자신의 권익을 보호하려 했다.

그랜트 쿠퍼(Grant Cooper)라는 변호사가 첸쉐썬의 부탁을 받아들였다. 그는 첸쉐썬의 숭배자이자 정의감 넘치는 변호사였다. 그는 자신의 노력으로 이 유명한 과학자의 고통을 덜어주고자 했다.

재판이 열리던 날, 캘리포니아공과대학의 많은 사생들은 법정을 찾았다. 첸쉐썬의 처지는 그들을 슬프게 했다. 그들은 남루한 옷차림으로 고통받고 있는 첸쉐썬을 보고 눈물을 흘렸다.

법정에서 첸쉐썬은 미국 당국의 온갖 비열한 행위를 하나하나 진술했다. 쿠퍼 변호사도 미국 당국이 첸쉐썬에게 덮어씌운 죄명을 철회할 것을 요구했다.

그러나 한 외국인이 미국에서 미국 정부를 고소한다는 것은 어불성설이 아닌가? 예상대로 첸쉐썬은 승소하지 못했을 뿐만 아니라 태평양에 있는 테미나라는 작은 섬으로 끌려가기까지 하였다.

법정에 있던 사람들은 격분하여 옳고 그름을 못 가리는 판사에게 달려들어 도대체 왜 이런 판결을 내리느냐고 따지면서 판사를 욕하기도 하였다.

말도 안 되는 판결에 실망한 사람들은 첸쉐썬이 차에 실려 가는 것을 애타게 보고만 있었다. 자동차는 천천히 시동을 걸었고 분노와 항의 소리 속에서 점점 멀어져 갔다.

캘리포니아공과대학은 발칵 뒤집혔다. 사생들 마음속의 위대한 인물은 미국 정부의 포로가 되었다. 그들은 참을 수 없어 잇달아 정부를 규탄하기 시작하였다. 듀브리지(Lee Alvin Dubridge) 신임 원장은 직접 워싱턴으로 가서 첸쉐썬의 석방을 요구했지만 응답이 없었다.

첸쉐썬은 엄청난 분노를 품고 테미나에 도착했다. 그곳의 교도관들은 첸쉐썬을 막 대했다. 유명했던 이 과학자는 이젠 열악무도한 죄수로 간주되어 중범죄자만 가두어 두는 작고 검은 방에 갇히게 되었다.

2, 3제곱미터에 불과한 이 방은 아주 좁은 문 하나만 달렸을 뿐 창문이 없었을 뿐만 아니라 침대도 없었으며 심지어 습기가 벽에 스며들기까지 하였다. 다행인 것은 전등 하나가 있었다. 테미나의 9월은 무덥고 습해서 이 작고 검은 방 안에서는 사람이 살 수가 없었다. 교도관은 첸쉐썬을 이 방에 집어넣고는 문을 잠갔다.

첸쉐썬은 바로 이곳에서 그의 고통스러운 생활을 시작하게 되었다.

바닥은 축축했다. 열대지방의 작은 벌레들이 첸쉐썬의 발밑에 모여들었으며 개미, 거미, 빈대 등 곤충이 그의 바지를 타고 올라왔다. 본래 마음의 상처를 입은 첸쉐썬은 이 괘씸한 벌레들로 인해 안절부절 못했다. 그야말로 공포와 분노 속에서 보낸 하루였다.

밤이 되어 첸쉐썬은 가까스로 안정을 찾았다. 그는 벽에 반쯤 기대어 앉아 있다가 어렴풋이 잠이 들었다. 며칠 동안 겪었던 정신적인 긴장과 열악한 환경은 그를 지치게 하였다.

테미나 섬의 교도관은 첸쉐썬을 괴롭힐 궁리를 하다가 첸쉐썬이 잠든 것을 보고는 곧바로 작고 검은 이 방에 있는 유일한 존재물인 전등을 켰다. 강렬한 빛으로 인해 지친 첸쉐썬은 더 이상 잠을 잘 수 없어 눈을 떴다. 그런데 첸쉐썬이 정신을 차리면 그들은 다시 불을 껐다. 그들은 이렇게 십여 분마다 전등을 켰다 끄기를 반복하면서 첸쉐썬이 자지 못하도록 괴롭혔다.

며칠 지나지 않아 첸쉐썬은 그들의 괴롭힘에 체중이 많이 줄었고 얼굴도 많이 야위었다. 누가 보면 거지라고 오해할 정도였다. 첸쉐썬은 방 한구석에 웅크리고 앉아 있었는데 개미와 벌레들이 그의 몸 위에서 기어 다녔다. 밝고 예리했던 그의 눈은 어두워졌고 머리카락은 헝클어진 채로 그의 얼굴을 뒤덮었다. 첸쉐썬은 머리카락이 빠지기 시작했고 다리와 발도 붓기 시작했다.

첸쉐썬이 테미나 섬에서 고통스러운 나날을 보내는 동안 캘리포니아공과대학에서는 그를 구출하고자 애를 쓰고 있었다. 듀브리지 원장은 유럽에 출장 중인 폰 카르멘에게 다음과 같은 특급 전보를 보냈다.

"미스터 첸이 액운을 당했으니, 빨리 와서 구조하시오!"

이 전보를 받자마자 폰 카르멘은 비행기 표를 끊었다. 그는 갑작스런 악재에 놀라움을 감추지 못했다. 그의 제자, 그의 친한 친구, 그가 가장 사랑하는 첸쉐썬이 왜 이런 일을? 엄청난 의문과 두려움을 안고 폰 카르멘은 서둘러 미국 행 비행기를 탔고 도착하는 대로 첸쉐썬을 만나고자 하였다.

캘리포니아공과대학에 발을 들여 놓자마자 폰 카르멘은 학교의 사생들에 의해 포위되었다. 사람들은 그에게 첸쉐썬의 처지를 이야기했고 듀브리지 원장 역시 첸쉐썬을 구출하기 위한 방안을 이야기했다. 폰 카르멘은 집에 갈 겨를도 없이 곧장 워싱턴으로 달려갔다.

화가 난 70세 노인은 얼굴을 붉히며 이민국 국장실로 들어가더니 학교에서 징수한 보석금 1만 5,000달러를 국장의 책상 위에 올려놓았다. 이민국에서는 캘리포니아공과대학 사생들의 강한 압력으로 어쩔 수 없이 첸쉐썬을 석방했다.

첸쉐썬은 테미나 섬에 15일 동안 갇혀 있다가 풀려났다. 굶주림과 고통으로 원래의 모습을 잃은 첸쉐썬을 본 카르멘은 "고생했네, 내가 너무 늦었구려!"라고 하면서 울음을 터뜨렸다.

첸쉐썬은 걸을 수가 없어 들것에 실려 캘리포니아로 돌아와야만 했다. 이 강인한 사람은 들것에 누워 사랑하는 스승님과 동창들을 바라보며 감격의 눈물을 흘렸다.

캘리포니아로 돌아온 날, 굶주림과 무서운 벌레들은 사라졌다. 그러나 여전히 그를 괴롭히는 이들이 있었다. 바로 첸쉐썬을 감시하는 자들이었다. 그들은 유치원에 가는 첸쉐썬의 아들까지도 미행했다.

첸쉐썬은 여러 차례 이민국에 항의하며 얄미운 감시원들이 철수할 것을 요구했지만 소용이 없었다. 첸쉐썬의 연구실과 주택은 누구나 갈 수 있는 '공공장소'가 되었고 그의 편지와 전화는 누구나 보고 들을 수 있는 '공공소식'이 되었다. 심지어 첸쉐썬의 친구들은 그에게 전화를 걸었다는 이유만으로 이민국으로부터 끝없는 검문을 받아야 했다.

첸쉐썬은 이 모든 것이 지긋지긋했다. 그는 '문명과 민주'를 표방하는 이 나라를 저주했고 자신이 왜 이런 나라에 와서 생활하며 공부했을까 하면서 한탄했다.

첸쉐썬은 친구들에게 폐를 끼치기 싫어 많은 사람들과의 왕래를 끊고 그가 사랑하는 은사님과 학우들을 떠나 외진 곳으로 이사했다.

첸쉐썬은 파리처럼 그의 주위를 맴돌려 감시하는 감시자들을 따돌리기 위하여 이사를 몇 차례 시도했지만 소용이 없었다. 그의 사무실에는 늘 고의로 소란을 피우려는 나쁜 놈들 몇 명이 나타나곤 했다. 이때마다 첸쉐썬은 가장 듣기 싫은 말로 가차 없이 그들을 쫓아냈다. 일찍부터 포용력과 참을성이 소진된 첸쉐썬은 이미 모든 것을 간파했으며 되도록 빨리 이곳을 떠나 조국으로 돌아갈 수 있기를 바랐다. 그의 소원은 오직 조국의 품으로 돌아가는 것뿐이었다.

중국에서도 첸쉐썬의 불행한 처지를 알게 되었다. 중국인들은 분노한 나머지 거리로 나와 미국의 무리한 행위에 항의하며 첸쉐썬을 즉각 석방할 것을 요구했다.

난징, 광저우, 베이징을 비롯한 도시에서 수천수만의 중국인들이 거리 시위를 하면서 파시스트 만행을 반대한다는 구호를 외쳤다. 그들은 미국 정부의 비열한 행위에 분개해 하고 그러한 만행을 비난하면서 첸쉐썬에게 깊은 동정을 베풀었다.

조국으로부터 오는 지지에 첸쉐썬은 감동했다. 조국에서 들려오는 소식은 그에게 계속 앞으로 나아갈 희망을 주었고 그가 다시 일어설 수 있도록 힘을 주었다. 그는 자유를 다시 얻을 날을 기대했다. 정말 그 날이 온다면 모든 것을 포기하고 서슴없이 조국으로 돌아가겠다고 다짐했다.

3. 『엔지니어링 사이버네틱스론(Engineering Cybernetics)』

고난은 마치 껌처럼 첸쉐썬에게 찰싹 달라붙었다. 그가 자유를 얻으려 하면 할수록 자유는 오히려 그를 멀리했다.

태평양에 위치한 그 악몽 같은 작은 섬에서 돌아온 후 첸쉐썬은 물론이고 장잉도 감시자들의 감시에서 벗어나지 못했다. 그 감시자들이 집을 마구 뒤적거릴 때마다 장잉은 항상 놀라 움츠러든 두 아이를 안고 두꺼운 커튼 뒤에 숨곤 했다. 아이들에게 그 무서운 장면들을 보여주고 싶지 않았기 때문이었다.

그리고 감시자들이 집을 마구 뒤적거리지 못하도록 장잉은 아예 집에 있던 모든 장롱을 깨끗이 정리하고, 안 입는 옷들을 친구들에게 나누어 주었다. 사실 그녀는 기회만 생기면 이곳을 떠나기로 남편과 약속했던 것이다.

몇 달 동안 관찰한 끝에 첸쉐썬은 미국 당국의 의도를 점점 알게 되었다. 미국 당국에서는 군사 기밀 유출을 방지하기 위해 첸쉐썬이 그 어떤 연구에도 참여하지 못하게 하였다. 그리고 이 첨단기술이 중국에 유입되는 것을 막기 위해 그들은 첸쉐썬의 귀국을 막고 있었던 것이다.

그럼에도 불구하고 첸쉐썬은 쉽게 굴복하지 않고 묵묵히 연구 방향을 틀어 다른 과제를 연구하기 시작했다. 미국 당국의 주의를 돌리기 위하여 그는 좋아하던 미사일 연구를 포기할 수밖에 없었고 엔지니어링 사이버네틱스론을 연구하기 시작했다.

열악한 조건 속에서 연구를 하는 것은 아주 어려웠다. 검은 옷을 입은 감시자들은 첸쉐썬이 실험실에 들어가기만 하면 곧바로 실험실 입구에서 일부러 소란을 피웠다. 심지어 괜히 생트집을 잡으려고 실험실에 뛰어들어 첸쉐썬이 가지런히 진열해 둔 실험기기를 엉망진창으로 만들어 놓는 경우도 있었다.

그때마다 첸쉐썬은 화를 참으며 엉망진창이 된 실험기기를 제자리에 놓고 전화를 걸어 학교의 경비원에게 이들을 쫓아내라고 요구했다. 그는 이들과 신경전을 벌일 마음이 없기 때문이있다. 그는 마음을 가라앉히고 더 이상 이런 무료한 일에 시간을 낭비해서는 안 된다고 자신을 타일렀다.

감시자들은 첸쉐썬에 대한 괴롭힘을 멈추지 않았다. 그들은 첸쉐썬의 서재에 불이 켜지면 그의 집의 전선을 자르는가 하면 첸쉐썬이 교내에서 연구에 몰두하는 것을 보면 그의 연구 자료를 훔치기도 했다. 심지어는 한밤중에 첸쉐썬이 쉬려고 할 때 갑자기 쳐들어와 관례 검사를 한다면서 소란을 피우기까지 했다.

이로 인하여 첸쉐썬은 고통스러웠고 분노의 눈물을 자주 흘렸다. 그때마다 장잉은 항상 묵묵히 남편의 눈물을 닦아주고 위로의 말을 건넸다.

"슬퍼하지 마세요. 그들이 당신의 연구를 막을수록 우리는 그걸 완성해야죠. 안 그래요? 우리가 쉽게 포기하면 안돼요! 앞으로 당신은 침실에서 연구에만 집중하고, 나와 아이는 거실에서만 있을게요. 난 그들에게 살인할 용기는 없다고 봐요."

장잉의 단호한 말에 첸쉐썬은 자신감을 얻었다. 그래도 그는 차마 사랑하는 아내를 고생시킬 수 없다고 생각했다. 아내의 확고한 눈빛을 보면서 첸쉐썬은 큰 격려를 받았다.

이때부터 그들의 침실은 첸쉐썬이 연구에 몰두하는 곳이 되었다. 옷장, 침대, 바닥, 책상, 의자 등 곳곳에 학교에서 가져온 자료와 실험기기가 놓여 있었다. 첸쉐썬은 15㎡ 미만의 이 작은 방에서 새로운 과제인 엔지니어링 사이버네틱스론을 어렵게 연구해 나가기 시작했다.

그후로 감시자들은 첸쉐썬을 보기 어려워졌다. 그리하여 몇 차례나 첸쉐썬의 집에 침입하려고 했지만 예외 없이 장잉 때문에 실패하였다. 남편이 조용히 연구를 할 수 있게 장잉은 가장 독한 말로 그들을 욕하며 큰 몽둥이로 그들을 후려치기까지 하였다. 예전에 얌전하고 고귀했던 이 부인은 완전히 언제든지 싸울 수 있는 투사로 변하였다. 그녀는 남편을 방해하려고 하는 자가 나타나기만 하면 가차 없이 그들을 쫓아냈다.

감시자들은 겁이 나 그 작은 마당에 들어갈 용기가 없어 그냥 집 근처를 둘러보기만 하다가 돌아갔다.

첸쉐썬이 연구에만 집중하다보니 가사일은 장잉이 거의 도맡아 했다. 두 아이 돌보기, 빨래하기, 요리하기, 채소 사기, 쇼핑하기 등을 포함한 모든 것을 혼자 해야 했다. 그러던 어느 날 장잉은 과로로 쓰러졌다. 첸쉐썬은 아내가 더 이상 무리해서는 안 된다고 생각하고 도우미를 고용해야 한다고 말했지만 장잉은 "그렇게 하면 당신이 연구하는 데 불리해요. 난 괜찮아요. 걱정하지 마세요."라고 거절했다.

이런 아내가 있다는 생각에 첸쉐썬은 행복감이 밀려왔다.

그는 "당신은 내게 가장 좋은 아내이자 친구에요. 당신을 위해서라도 난 무조건 이 책을 완성할 거에요."라고 단호하게 말했다.

자신을 향한 아내의 애틋한 사랑은 첸쉐썬에게 모든 어려움을 이겨낼 용기를 북돋아 주었다.

캘리포니아공과대학의 마블 박사(Frank.E.Marble)와 데플리마 박사(Charles. R.DePrima)가 첸쉐썬에게 많은 도움을 주었다. 첸쉐썬의 지도교수였던 이 두 분은 그의 처지를 동정하고 그의 용기에 탄복하여 늘 첸쉐썬에게 도움이 되는 자료를 전달했을 뿐만 아니라 조언도 해 주었다.

고난에 시달리고 있던 첸쉐썬은 크게 감동하여 지도교수들에게 여러 차례 감사의 마음을 표시했다.

이 새로운 분야는 첸쉐썬의 얼어붙었던 마음을 녹여 주었다. 지도교수들의 도움과 아내의 지지 덕분에 그는 전속력으로 달리는 궤도에 빠르게 진입하게 되었다. 생산 과정의 자동화, 전자계산기, 국방 문제와 밀접한 관련이 있는 이 분야는 그로 하여금 다시 자아를 찾게 했다.

첸쉐썬은 피곤한 줄도 모르고 책 원고를 쓰고 또 썼다. 어느새 원고는 그의 침실을 가득 채웠다. 그는 금광을 발견한 채금자처럼 희망차게 일하고 있었다. 그는 마치 여러 해 후에 자신이 조국의 대지에서 건설을 지휘하는 모습을 보는 것 같았다.

드디어 1954년 30만 자나 되는 『엔지니어링 사이버네틱스론』이 출판되었다. 책 원고를 마친 날은 마침 장잉의 생일이었다. 첸쉐썬은 흥분한 마음으로 침실에서 뛰쳐나와 식사 준비에 한창인 아내를 안고 빙빙 돌다가 힘이 다 빠져 바닥에 주저앉고 말았다. 이 장면을 본 아들 융강(永剛)과 딸 융저언(永眞)도 함께 기뻐했다. 그들은 웃고 떠들면서 그동안 가슴에 쌓아 두었던 모든 감정을 시원하게 털어 냈다.

첸쉐썬은 아내의 웃는 얼굴을 바라보며 진지하게 "이 책은 당신의 도움으로 완성된 거요. 당신에게 주는 생일 선물이네요."라고 말했다.

이 말을 들은 장잉은 자신이 이 세상에서 제일 행복한 여자라고 생각했다. 그녀는 미소를 지으며 남편을 바라보았다. 비록 그동안 많은 고생을 겪었지만 이 모든 것이 보람 있다고 생각했다. 그녀는 첸쉐썬의 손을 잡고 애교를 부렸다.

"그럼 오늘 밤 내 생일 축하를 위해 춤이나 출까요?"

그날 밤 첸쉐썬과 그의 아내 장잉은 밝게 빛나는 전등 아래에서 학술 저서를 출판하게 된 기쁨을 한껏 누렸다.

『엔지니어링 사이버네틱스론』의 출판은 미국 학계에서 센세이션을 일으켰다. 이 책이 다루고 있는 내용의 심오함과 최첨단성에 독자들은 감탄을 금치 못했다. 예상대로 이 책이 출판된 후 4~5년 동안 그 내용을 진정으로 이해하는 미국인은 한 명도 없었다.

고난 속에서 어렵게 탄생한 이 저서에는 첸쉐썬의 피땀이 배어 있고 그가 다년간 쌓은 지식과 경험이 담겨져 있다. 첸쉐썬의 이름과 이 책의 표지는 미국에서 가장 잘 팔리는 신문에 등장했고, 도서출판업자들은 주문서를 보내왔으며 사람들은 이 책을 앞 다투어 구매했다. 이렇게 첸쉐썬의 위상은 한층 더 올라갔다.

1956년부터 1958년까지 이 책은 각각 러시아어, 독일어, 중국어 등 3개

언어로 세 차례 재판되었는데 독자들은 이 책에 깊이 매료되었다. 미국의 여러 지역에서는 열광하는 독자들을 위하여 첸쉐썬에게 특강을 해 달라는 초청장을 보내기도 했다.

하지만 첸쉐썬은 모든 초청을 거절했다. 왜냐하면 사랑하는 조국으로 돌아가는 것이야말로 첸쉐썬이 다년간 줄곧 바라던 일이기 때문이었다.

첸쉐썬은 『엔지니어링 사이버네틱스론』으로 자신의 연구 방향이 원자력과 로켓 연구와는 다른 분야로, 미국 당국에서 예의주시하는 기밀 분야 밖으로 전환했다는 것을 증명할 수 있게 되었다. 그러므로 첸쉐썬은 미국 당국에서 즉시 그의 귀국 신청에 동의할 수 있기를 간절히 바랐다.

1954년 9월 캘리포니아공과대학에서 유학 중이던 중국 유학생 쩡저민(鄭哲敏)은 특별히 작별을 고하러 지도교수인 첸쉐썬의 집을 방문했다. 그는 곧 중국으로 돌아갈 것이기 때문이었다.

사랑하는 제자가 곧 귀국하게 될 것이라는 소식에 첸쉐썬은 이를 축하하기 위하여 직접 그에게 베이징 오리구이를 요리해주면서 "귀국해서 반드시 두 가지 일을 홍보해야 한다. 하나는 오퍼레이션 리서치(Operations Research)이고, 다른 하나는 국민경제에서의 역학의 역할이다."라고 특별히 당부했다.

그날 밤 첸쉐썬은 침대에 누웠으나 오래도록 잠을 이룰 수가 없었다. 그는 귀국을 어떻게 쟁취할 것인가를 고민하고 있었다. 그가 미국의 국가 기밀업무에서 손을 뗀 시도 이미 4~5년이 되었기에, 첸쉐썬은 혹시 미국 당국에서 결정을 바꿀지도 모른다고 생각했다.

이튿날, 첸쉐썬은 귀국할 권리를 쟁취하러 또 한 번 미국 이민국에 갔다.

그러나 이민국에서 나온 첸쉐썬은 다시 한번 좌절하였다. 이민국에서는 여전히 그들의 원칙을 고수하면서 첸쉐썬의 귀국 신청을 불허했다. 첸쉐썬은 슬픈 걸음으로 귀가하고 있었다. 그는 거리에 붐비는 인파에 휩쓸려 밀려가는 자신이 마치 작은 돌멩이처럼 이 인파 속에 가라앉을 것만 같았다. 앞길은 그렇게 막막했다.

4. 특별한 가서

1955년 6월 어느 날 이민국에서 막 돌아온 첸쉐썬은 책상 앞에 앉아 아버지에게 편지를 쓰고 있었다.

"……저는 매일 이민국을 드나들며 귀국하기 위해 노력했지만 효과는 거의 없습니다. 이 서신을 천수퉁(陳叔通) 세백(아버지 친구)께 전달해 주시고 제가 그의 도움을 원한다고 꼭 전해 주십시오……"

첸 씨 가족의 오랜 친구인 천수퉁은 그 당시 중국 전국인민대표대회 상무위원회 부위원장이었다. 그러므로 첸쉐썬은 그의 도움을 받으려고 이 서신을 쓰는 것이었다.

바다 건너 첸쉐썬의 아버지는 아들의 서신을 받고 흐릿한 노안에 눈물이 어려 떨리는 두 손으로 아들의 필적을 더듬었다. 70대 고령의 첸쥔푸는 아들의 처지에 괴로워했으며 즉시 친구에게 부탁하여 이 서신을 천수퉁에게 전달했다.

서신을 받고 그 내용에 깊이 놀란 천수퉁 노인은 조국의 과학자가 미국에서 이러한 비인간적인 대우를 받을 줄은 몰랐고, 동시에 첸쉐썬의 강한 애국심에 매우 감동했다. 그는 손으로 수염을 훑으며 서신의 글자 하나하나를 응시하면서 어떻게 조국의 과학자를 구출해 낼까 고민하고 있었다.

천수퉁 노인은 이 서신의 중요성을 느꼈다. 이 서신은 아마 한 과학자가 조국에 구조를 요청하는 유일한 편지로 조국의 품속으로 돌아오리라는 소망을 표현한 것이다. 천수퉁은 첸쉐썬을 도우리라 마음을 먹었다.

이 노인은 조금도 지체하지 않고 이 서신을 저우언라이(周恩來) 총리에게 전달했다.

1954년 4월 26일 저우언라이 총리가 중국 대표단을 이끌고 제네바에서 평민 귀국에 관한 문제를 두고 중요한 담판을 지은 바 있다.

중국 대표단 왕빙난(王炳南) 비서장은 담판에서 미국이 일부 재미 중국인들의 귀국을 방해하고 있다고 정중하게 지적하였다. 그러자 미국 대표 존슨(Johnson)은 일부러 모르는 척하더니 어깨를 으쓱이며 "아닙니다. 왕 비서장은 틀렸습니다. 우리 미국이 중국 학생의 귀국을 방해한 적은 한 번도 없습니다. 증거도 없지 않습니까?"라고 대답했다.

그렇다. 그 당시 중국 국내에서는 첸쉐썬을 감시하는 미국 정부에 대하여 반대의 목소리를 높였으나 그 사실을 입증할 만한 증거는 하나도 없었다. 담판은 증거를 요구한다. 이를 잘 아는 왕빙난 비서장은 분개하여 득의양양한 존슨을 노려보기만 했을 뿐 어떠한 말도 하지 못했다.

지금 첸쉐썬의 구조 서신이 저우언라이 총리의 테이블 위에 놓여 있다. 저우언라이 총리는 깊은 생각에 잠겨 쉴 새 없이 사무실에서 왔다 갔다 하다가 갑자기 빠른 걸음으로 전화기 쪽으로 다가가 흥분한 마음으로 전화번호를 눌렀다. 그러나 너무 흥분한 나머지 몇 차례나 전화번호를 잘못 눌렀다.

"빙난 …… 좋은 소식이 있어. 첸쉐썬에게서 편지가 왔는데 …… 곧 8차 협상이 시작된다네."

왕빙난 비서장은 기뻐하였다. 드디어 증거가 생겼으니 교활한 미국인들이 어떻게 잡아뗄 수 있단 말인가!

"미국 정부에서는 이미 4월 중순에 발표하지 않았습니까? 그런데 왜 첸쉐썬이 6월에 중국 정부에 구조를 요청했나요? 미국 대사의 해명을 바랍니다."

협상이 시작되자 왕빙난은 첸쉐썬의 편지를 그 당시 미국의 총리인 존슨 앞에 펼쳐 보였다.

그러자 존슨은 또 다른 핑계를 생각해냈다.

"조선전쟁 때 우리 정부에서는 미국에서 로켓·원자력·무기 설계 교육을 받은 중국인이 미국을 떠나지 못하도록 하라는 명령을 내렸습니다. 그들의 능력이 조선반도에 있는 유엔군을 상대로 싸울 때 이용될 수 있기 때문이지요."

존슨의 이 핑계는 참으로 비열하였다.

왕빙난은 협상 내내 미국 측이 억지를 부리는 것을 보고는 화가 나서 불만을 나타냈지만 존슨은 오만하게 협상 테이블을 박차고 나갔다.

협상은 또 다시 혼돈의 상태에 빠지게 되었다. 첸쉐썬은 중국 건설에 시급한 기술인력인데 지금 귀국하지 못하니 이를 어떻게 한단 말인가? 저우언라이는 미간을 잔뜩 찌푸린 채 협상용으로 쓸 만한 자료를 머릿속으로 검색해 보았지만 아무것도 찾아내지 못했다.

1955년 7월 31일, 조선전쟁에서 포로로 잡힌 11명의 미국 조종사를 중국의 법적 절차에 따라 조기 석방하기로 하였다. 이 소식을 들은 저우언라이의 맑고 그윽한 눈에는 기쁨이 어려 있었다.

8월 1일 오후 4시에 중국 대사와 미국 대사의 18차 회담이 시작되었다.

"대사님, 토론을 시작하기 전에 다음 사항을 알려 드립니다. 중국 정부에서는 이미 7월 31일에 미국 조종사 11명을 조기 석방했으며, 8월 4일에는 홍콩에 도착할 수 있을 것입니다. 중국 정부의 이번 조치가 우리 회담에 도움이 되기를 바랍니다."

교활한 존슨은 왕빙난의 말에 담긴 뜻을 알아채고는 충격을 받았다. 첸쉐썬을 풀어주지 않으면 중국 정부에서는 홍콩에서 미국 조종사 11명을 다시

체포할 수도 있기 때문이었다.

살이 쪄서 둥글둥글한 이 미국 대사는 목에 맨 넥타이를 힘껏 잡아당겼다. 그는 억눌린 분위기에 숨이 막혔다. 시간은 1분 1초씩 흘렀다. 회담실 안은 무시무시한 고요함이 감돌았다. 중·미 양측의 10여 명 인원들은 초조해하는 미국 대사에게 시선을 집중했다.

"우리 정부에 물어볼 수 있도록 허락해 주십시오."

존슨이 땀을 뻘뻘 흘리며 협상석을 빠져나가자 수행원 몇 명도 줄줄이 따라 나섰다.

8월 4일, 미국 캘리포니아의 실험실에서 첸쉐썬은 학생들을 지도하고 있었다. 그는 내키지 않은 마음으로 이민국으로부터 걸려오는 전화를 받았다.

"여보세요. 첸쉐썬입니다."

이민국의 일상적인 심문에 그는 이미 짜증이 나서 전화를 끊으려고 했다. 그런데 수화기 건너편에서 "당신은 오늘을 기점으로 언제든지 미국을 떠날 수 있으며 관련 문서는 8월 4일부터 유효합니다."라는 불가사의한 소리가 들려왔다.

첸쉐썬은 자신이 제대로 들었는지 싶었다. 그런데 미국을 떠날 수 있다는 소리가 두 번째로 들려왔을 때 그는 이 모든 것이 사실이라는 걸 실감했다.

8월 4일, 미국 측은 홍콩에서 11명의 조종사를 인도받으면서 첸쉐썬의 해금을 결정했던 것이다.

드디어 귀국 허가를 받았구나! 첸쉐썬은 심적으로 거대한 편안함이 밀려오는 것을 느꼈다. 그는 수화기를 든 채로 멍하니 서 있었다. 그의 학생들이 다가와서 웬일이냐고 물었을 때에야 첸쉐썬은 비로소 꿈에서 깨어난 듯했다.

"내가 귀국할 수 있다네."

감격의 눈물이 첸쉐썬의 눈가에서 맴돌았다. 그의 제자들은 스승님의 귀국 소식에 기뻐했다. 그들은 첸쉐썬을 안아 하늘 높이 들어 올리며 기쁨의 세레머니를 하였다. 실험실은 온통 기쁨으로 들끓었다.

첸쉐썬은 급급히 집으로 돌아왔다. 아내 장잉과 두 아이 모두 집에 있었다. 첸쉐썬은 기쁨을 감추지 못하고 이민국의 해금 소식을 장잉에게 전했다.

정말 대단한 희소식이었다. 장잉은 너무 기뻐서 아이들을 꼭 껴안았다. 온 가족이 행복과 기쁨에 젖어 있었다.

이어 박진감 넘치는 준비가 시작되었다. 장잉은 집안의 가구를 모두 첸쉐썬의 친구들에게, 자신이 직접 심은 화분을 이웃들에게 나누어 주며, 즐겁게 작별 인사를 나누었다. 이들은 첸쉐썬네 가족과 헤어지는 것이 아쉬웠지만 첸쉐썬이 마침내 자유를 얻었다는 사실에 기뻐했으며 눈물을 훔치며 이 가족을 배웅했다. 첸쉐썬은 그가 가장 힘들 때 사심 없이 도와준 친구들 한 명 한 명과 포옹했다. 이별의 아픔과 귀향의 기쁨이 교차했다.

1955년 9월 17일, 첸쉐썬은 친구들과 아쉬운 작별 인사를 나누면서 20년 동안 살아온 미국을 떠났다.

5. 미국이여, 안녕

클리블랜드 프레지던트호의 뱃머리에 실크 같은 푸른 물결이 흩날리고 있다. 첸쉐썬, 장잉, 그리고 귀여운 두 아이가 갑판의 난간에 기대어 점점 멀어지는 부두를 바라보고 있다. 부두에서 배웅하는 사람들의 모습이 아련해졌으며 친구들과의 작별 인사도 이젠 기억으로 남게 될 것이다. 그러나 소문을 듣고 취재하러 나온 기자들의 우스꽝스러운 질문은 여전히 첸쉐썬의 머릿속을 맴돌았다.

"미국이여, 안녕. 아니, 영원히 안녕."

첸쉐썬은 마음속으로 이번에 귀국하면 영원히 돌아오지 않으리라고 외쳤다.

그들은 갑판에서 3등 객실로 갔다. 귀국할 마음이 급급하여 서둘러 표를 사느라 3등 객실 표를 샀던 것이다. 3등 객실에 들어서니 대부분 그와 같이 미국에 체류하고 있던 중국 유학생들이 이 공간을 채웠다. 유명한 로켓 전문가 첸쉐썬이 이곳에 온 것을 보고 모두 일어서서 환영했다. 그들은 일찍부터 이 유명한 인물을 숭배했다. 그런데 지금 그가 자신들의 곁에 있다. 이 얼마나 감격스러운 일인가?

첸쉐썬은 미소를 지으며 모든 사람들과 인사를 나누었다. 알고 보니 이 중 많은 사람들은 수학 연구에 종사하는 동료들이었다. 첸쉐썬은 매우 행복했다. 그들은 바로 그 자리에서 조국 건설 문제에 대해 토론했다.

"조국은 당신 같은 인재를 필요로 하고 있습니다. 조국에 돌아가면 꼭 많은 기여를 해야 합니다."

그는 또한 여러 사람들에게 국내의 발전 상황을 소개하며 오랜 세월 해외에 있던 동지들이 가능한 한 빨리 조국의 상황을 파악하기 바랐다. 그는 그동안 여러 신문과 서신을 통해 조국의 상황을 알게 되었던 것이다.

그날 밤, 모두들 여기저기 흩어져 잠이 들었다. 3등석에는 자리만 있고 침대가 없기 때문에 모두들 서로 기대어 잠깐 잠을 잤다. 첸쉐썬은 잠을 이룰 수가 없었다. 장잉과 두 아이가 잠들자 첸쉐썬은 의자에 등을 기대어 자신의 논문 한 편을 읽기 시작했다. 조국 건설을 생각하노라니 전혀 잠을 이룰 수 없었던 것이다. 그는 귀국해서 우선 무엇을 할지 그 다음으로는 무엇을 할지를 생각하였다. 그는 하루라도 빨리 일을 시작하여 조국에 보답하려는 생각에 마음이 불탔다. 거대한 파도 소리가 끊임없이 첸쉐썬의 마음을 두드렸다. 20년 동안 배운 과학기술을 유용하게 쓸 수 있도록 조국이 부르고 있는 것 같았다.

기선의 승객 대다수는 중국 유학생이었다. 출발 사흘 만에 학우회를 조직하여 <클리블랜드 60차 항해 귀국 동창 명단>을 펴냈는데 첸쉐썬의 이름이 맨 위에 적혀 있었다. 그들은 갑판 위에 둘러앉아 귀국 후의 포부를 이야기하며 밝은 미래를 동경하였다. 1955년 10월 1일은 태평양을 항해하는 이 중국 유학생들에게 있어서 얼마나 의미 있는 날인가? 첸쉐썬은 만장일치로 연설자로 선정되어 귀국길에 감격적인 연설을 했다.

첸쉐썬은 주름이 간 옷을 정중히 손질했다. 장거리 여정으로 인하여 그의 얼굴은 약간 피곤해 보였지만 동행자들의 고조된 정서는 그의 열정을 불태웠다. 그는 유학생들이 정성껏 만든 오성홍기를 보면서 감격스러운 어조로 강연을 하였다.

"친애하는 학우 여러분, 오늘은 중화인민공화국 건국 6돌 생일입니다. 오늘은 참으로 가슴이 벅찬 날입니다. 예전에 우리는 불법 감금을 당해서 조국을 위해 일할 수 없었습니다. 이제 우리는 곧 조국의 따뜻한 품으로 돌아갈 것입니다. 우리는 조국을 더욱 부강하게 만들기 위해 열심히 일하고 우리의 모든 것을 바칩시다!……"

그의 얼굴에는 행복한 미소가 가득했고 그의 애틋하고 격앙된 목소리는 파도 소리와 함께 먼 곳으로 전해졌다. 그곳에는 그의 가족, 그의 동포, 그가 매일 그리워하던 중국 대지가 있다. 중국 인민의 이 훌륭한 아들은 큰소리로 외쳤다.

"어머니 조국이여, 아들이 돌아왔습니다!"

기선은 태평양에서 거의 20일 동안 항해했다. 긴 여정 동안 첸쉐썬과 장잉, 그리고 두 아이는 선실을 떠나지 않았다. 기선이 일본에 도착하여 하루 동안 체류하였음에도 불구하고 첸쉐썬은 기선에서 내리지 않았다.

"일본은 미국에 점령당했고, 미국인이 있는 곳은 안전하지 않소."

미국에서 감시를 받은 그 무시무시한 그림자가 여전히 그를 괴롭히고 있었기 때문이었다. 미국인을 원망하지 않느냐는 질문에 첸쉐썬은 담담하게 말했다.

"개한테 물렸다고 개를 원망하면 안 됩니다. 개를 기른 사람을 원망해야지요."

미국에서 홍콩에 이르기까지 모든 항구에는 첸쉐썬을 초조히 기다리는 사람들로 가득했다. 그들은 첸쉐썬이 조국으로 돌아온다는 소식을 듣고 유명인의 풍채를 보고자 항구에 모인 것이다.

홍콩에 도착하여 인터뷰에 응한 첸쉐썬은 중국어로 기자들의 질문에 하나하나 답했다. 한 홍콩 기자가 영어로 질문하자 첸쉐썬은 매우 예바르게 "죄송합니다. 지금부터 저는 중국어로 답할 것입니다."라고 하면서 큰 소리로 말했다.

"저는 미국인을 원망하지 않습니다. 전 세계의 사람들은 모두 한결같이 평화와 행복을 찾고 있습니다. 중국인이 행복하게 살 수 있도록 인민들과 함께 국가를 건설하기 위해 최선을 다하겠습니다."

10월 8일 오전 11시 25분, 첸쉐썬과 그의 가족은 드디어 조국의 품으로 돌아왔다.

제7장

조국이여, 그대의 아들로 하여금 남은 인생을 그대를 위해 일하게 해 주십시오. 비록 이 일은 성공하지 못할 수도 있겠지만 빌딩이 항상 첫 번째 초석이 필요한 것처럼 이 일도 시도하는 자가 필요할 것입니다.

1. 조국의 품으로

중국의 모든 것은 첸쉐썬과 그의 가족에게 있어서 신선했다. 그들은 놀라움과 만족감으로 가슴이 벅찼다. 중국 정부에서는 일찌감치 환영 준비를 마쳤다. 많은 기자와 정부의 중요 인사들이 광저우역에 모여 첸쉐썬의 귀국을 환영하였는데 마치 국가 지도자를 환영하는 것 같았다. 그리고 초등학생들은 꽃과 색종이 화환을 들고 연신 "첸쉐썬의 귀국을 환영합니다!"라고 외쳤다.

악대가 격앙된 음악을 연주하자 역 전체가 축제의 분위기에 휩싸였다. 사람들은 까치발을 들고 희망으로 가득 찬 눈길로 첸쉐썬을 바라보았다.

첸쉐썬은 초등학생들이 선물한 꽃과 화환을 들고 열정적으로 그를 환영해 주는 사람들 사이를 걸어가고 있었고 그의 부인과 아이들은 다른 사람들에게 둘러싸여 있었다.

사람들은 첸쒜썬이 수십 번이나 받았던 질문들을 그에게 또 물었다. 그들은 모두 공손하고 부러운 눈빛으로 첸쒜썬을 바라보면서 그를 에워쌌다. 이따금 유쾌한 웃음소리가 나기도 했다.

이때 간부차림을 한 사람이 빠른 걸음으로 그에게 다가왔다. 첸쒜썬도 급히 앞으로 나섰다. 알고 보니 당시 광둥성 고위관리였던 타오주(陶鑄) 동지였다. 그들은 뜨겁게 악수를 하고는 감격스럽게 포옹까지 하였다.

타오주는 "우리들은 예전부터 당신이 돌아오기만을 학수고대하고 있었어요!"라고 하면서 첸쒜썬을 환영해 주었다.

"이제 돌아왔잖아요." 첸쒜썬은 경쾌하게 대답했다.

이날 중국의 각 신문에는 첸쒜썬 가족의 귀국 사진과 관련 글이 실렸다. 전국의 모든 라디오 방송국에서도 같은 뉴스를 내보냈다. 이 뿐이 아니었다. 사람들은 분주히 돌아다니며 주변의 사람들에게 첸쒜썬의 귀국 소식을 알리었다. 농가의 아이들은 밭머리에 서서 나팔을 울리며 일하고 있는 농민들을 향해 큰소리로 외쳤다.

"여러분! 그 유명한 첸쒜썬이 돌아왔대요! 외국에서 돌아온 거래요!"

베이징으로 돌아온 다음날, 첸쒜썬 부부는 두 자식을 데리고 그렇게 그리던 천안문 광장에 갔다. 국경일이 막 지났지만 꽃과 채색 깃발은 여전히 밝은 모습 그대로였다. 천안문은 세월의 모진 풍파를 겪은 노인처럼 엄숙해 보였다. 첸쒜썬은 감정이 북받쳐 흐르는 뜨거운 눈물을 참을 수 없었다.

"드디어 돌아왔구나!"

그는 묵묵히 금수교(金水橋)로 올라갔다. 다리 아래로 졸졸 흐르는 강물은 그에게 부드럽게 말하는 것 같았고 빗처럼 그의 모든 번뇌를 빗어 넘기는 것 같았다.

이번에 귀국해서 그는 조국에 큰 변화가 일어나고 있음을 느꼈다. 곳곳마다 넘치는 건설 열정은 그가 예상하지 못했던 것이었다. 이는 그의 초조한 마음을 더 이상 억누를 수 없게 했다. 그는 전사로서 조국 건설의 전쟁터에서 생의 가치를 실현하기로 결심했다.

그날 밤, 검은색 승용차 한 대가 중난하이(中南海)에 들어섰다. 차 안에서 첸쉐썬 부부는 감격의 마음을 금치 못했다. 이제 만나야 할 사람은 다름 아닌 그들이 오랫동안 존경해 오던 위대한 인물 저우언라이 총리였다.

첸쉐썬은 아주 큰 영광을 느꼈다. 그는 자신이 귀국한 후 이런 성대한 예우를 받을 줄은 전혀 몰랐다.

"쉐썬, 안녕하오? 귀국을 환영하오!"

첸쉐썬이 문을 열자마자 그를 한참 기다렸다는 듯이 저우언라이 총리가 빠른 걸음으로 그에게로 다가왔다. 그는 오래된 친구처럼 첸쉐썬을 포옹했다. 웃음이 저우언라이의 수척한 얼굴에 피어났다. 저우언라이의 친절함과 상냥함에 첸쉐썬과 장잉은 이곳으로 올 때의 긴장감을 잊어 버렸다. 그들은 환담을 나누기 시작하였고 이따금 웃음소리가 방 안에서 흘러나왔다.

이번 만남에서 저우 총리는 첸쉐썬에게 조국 건설에서 직면한 난제 특히 과학 분야의 난제에 대해 설명했다. 총리의 진심어린 이야기와 두터운 신뢰는 첸쉐썬을 매우 감동시켰다. 그는 계속 고개를 끄덕이며 저우 총리가 지시한 임무를 하나하나 새겨두었다.

담화가 끝날 무렵 저우 총리는 첸쉐썬에게 "조국은 쉐썬 씨와 같은 과학자가 필요하오. 이 부담은 쉐썬 씨가 반드시 감당해야 할 것 같소!"라고 간곡하게 부탁했다.

며칠 후, 찬란한 햇빛이 가득한 어느 오후, 위대한 지도자 마오쩌둥(毛澤東)도 첸쉐썬을 만났다. 마오 주석의 친근한 얼굴과 그가 한 의미심장한 말은 첸쉐썬으로 하여금 영원히 잊지 못하도록 하였다.

1955년 11월, 첸쉐썬은 귀국한 지 한 달도 안 되어 중국과학원 역학연구소(中國科學院力學硏究所)를 설립하기 시작했다. 그는 과학기술 인재를 양성하는 것부터 시작하려고 했다.

그렇지만 막막했다.

강단 아래 있는, 어안이 벙벙하고 무표정한 연구원들 앞에서 첸쉐썬은 곤란해졌다.

그가 이야기하는 이론적 지식을 국내의 연구원들이 이해하지 못하는 것이었다. 미국과 중국의 격차가 너무 컸다. 이런 현실 앞에서 자신감에 차 있던 첸쉐썬은 밤새 고민한 끝에 속도를 늦추어 보강학원을 먼저 차리기로 했다.

다음날, 첸쉐썬은 나무토막을 구해다가 붓으로 물리역학 연구반이라는 글귀를 적어 팻말을 만들었다. 그는 이 나무판 팻말을 교실 문 밖에 세워 놓았다. 역학연구소의 초대 소장은 의외로 보강학원 강사 역할을 먼저 수행해야 했다.

동료들은 모두 교실에 모여 책상 앞에 단정히 앉아 있었는데 마치 초등학생 같았다. 첸쉐썬은 강단 위에서 역학의 기초지식부터 설명했다. 그는 자신의 독특한 견해를 알기 쉽게 아낌없이 동료들에게 가르쳐 주려고 애썼다.

추운 겨울 밤, 다른 사람들이 집에서 가족들과 따뜻한 시간을 즐기고 있을 때 첸쉐썬과 그의 동료들은 여선히 교실에서 열심히 수업을 하고 있었다. 찬바람이 옷깃을 여미고 들어오는 오싹함은 참기 힘들 정도였다. 동료들은 첸쉐썬이 추울까 봐 자발적으로 자신이 입고 있던 외투를 그에게 입혀 주려고 했지만 첸쉐썬은 고개를 가로저었다.

"나는 안 춥소. 미국에서 겪은 고통에 비하면 이까짓 고생은 아무 것도 아니오! 지금 여러분들과 함께 공부하고 있으니 내 마음은 어느 때보다도 따뜻하오!"라고 말했다.

겨울이 가고 봄이 왔다. 복숭아꽃이 활짝 피어나는 때, 열심히 공부하던 물리역학 연구반의 이 '대학생들'은 이미 기초역학의 내용을 장악하게 되었다. 그날 동료들은 매우 기뻐하였다. 그들은 교실을 청소하며 서로 웃고 떠들었다. 내일 이 교실은 실험실로 바뀔 것이다. 왜냐하면 그들은 이미 '졸업했기 때문이었다.'

하지만 첸쉐썬은 웃을 수가 없었다. 그는 깨끗하고 투명하게 닦인 창문을 닫으면서 이렇게 쉽게 졸업할 수는 없다고 생각했다. 이 수준으로 졸업을 하다니? 그렇게는 안 되지. 국제 수준에 비하면 아직 너무 많이 부족하잖아!

사실 그는 또 다른 계획, 즉 학술 스터디를 준비하고 있었다.

매주 토요일 오후, 첸쉐썬은 사람들을 동원하여 함께 과제를 토론하는 학술교류회를 열었다. 누구나 발언할 수 있고 누구나 자신의 독특한 견해를 말할 수 있는 학술교류회였다.

물론 많은 연구원들은 첸쉐썬의 제안을 흔쾌히 받아들였다. 자신을 향상시킬 수 있는 좋은 기회니 참가하지 않을 리가 없었던 것이다.

그러나 어디서 학술 스터디를 할 것인가? 교실이 실험실로 변경된 데다가 다른 곳도 찾기 쉽지 않으니 이를 어째? 모두들 일제히 시선을 첸쉐썬에게로 돌렸다.

열 몇 명이나 되는 연구원들을 데리고 어디로 가면 되지? 첸쉐썬은 난처해졌다.

그는 문득 좋은 생각이 났다. 집. 맞다! 그래 그냥 집에서 하면 될 것이다. 두 아이와 부인은 잠시 딴 곳에 있어도 될 것이다. 하루 중 단 오후 반나절이 필요한 것이니 부인도 나무라지 않을 것이라고 믿었다.

그리하여 주말이면 첸쉐썬의 집에는 많은 사람들이 몰려오게 되었다. 처음에 이웃들은 파티를 여는 줄 알았는데 알고 보니 여성은 한 명도 없었고 음악도 없었다. 이 사람들은 거실에서 담배를 피우며 무엇인가를 토론하고 있었다. 어떤 이는 글을 쓰고, 어떤 이는 책을 넘기고, 어떤 이는 큰 소리로 무엇인가를 이야기하고 있었다. 첸쉐썬은 소파에 조용히 앉아 무릎에 책이나 공책을 놓고 이따금씩 위에 뭔가를 적었다. 그는 미간을 잔뜩 찌푸리고 사색에 빠져 있는 듯 했다. 그러나 그의 두 눈은 모든 발언자에게로 향해 있었다.

만약 이때 누군가 그의 집을 방문한다면 어떻게 될까? 첸쉐썬은 그 누구도 만나 주지를 않았다. 그는 자기 집 대문에 "토요일 오후, 손님을 맞이하지 않습니다."라는 쪽지 한 장을 써 붙였다. 동료들은 그가 너무 진지하다고 놀렸지만 첸쉐썬은 과학을 연구하려면 진지해야 한다고 말했다.

연구소의 모든 동료들이 학문적으로 향상될 수 있도록 하기 위해 첸쉐썬은 한 가지 방법을 생각해냈다. 그는 연구실마다 작은 칠판을 달게 하고 매일 하나씩 토론 주제를 적어 두도록 했으며, 때로는 그 위에 자신이 부딪친 어려운 문제를 적어 동료들이 함께 토론할 수 있도록 했다.

이 이상한 방법은 많은 사람들을 두렵게 했다. 왜냐하면 첸쉐썬은 쉬는 시간에 작은 칠판에 적혀 있는 토론 주제를 랜덤으로 선택하여 동료들에게 자주 질문하곤 했는데 그들이 대답하지 못하면 혼을 내기도 하였다.

연구원들은 이제 모두 서른도 넘은 나이라 소장에게 혼나면 얼마나 쑥스러운 일인가. 그래서 동료들의 최대 관심사는 칠판의 토론 주제를 미리 알아두는 일이었다. 그러면 하루를 편안하게 보낼 수 있었다.

시간이 흐름에 따라 연구소의 동료들은 머리를 쓰도록 강요하는 방법이 정말 효과가 있다는 사실을 깨달았다. 그들의 수준이 눈에 띄게 향상되었기 때문이었다. 연말 총결 시 모두들 한결같이 소장의 공로라고 말했다. 이에 첸쉐썬은 "나 혼자 해낸 게 아니라오. 여러분들의 적극적인 협조가 있지 않았소?"라고 하면서 미소를 지었다.

1956년 초봄, 기차는 첸쉐썬을 싣고 찬바람이 살을 에는 듯 몰아치는 북방의 도시 하얼빈으로 향했다. 하얼빈은 은백색 옷을 입은 아리따운 소녀의 모습으로 첸쉐썬을 환영했다. 하늘을 찌를 듯 높이 솟은 굴뚝, 크고 둥근 석유 저장고, 가로세로 교차된 전선, 가지런히 늘어선 공장들, 첸쉐썬은 희망과 열정이 가득한 이 도시를 바라보았다.

첸쉐썬은 번영으로 나아가고 있는 새 중국의 모습을 보고 흥분을 금할 수가 없었다. 첸쉐썬을 접대한 사람은 하얼빈군사공정대학(哈爾濱軍事工程學院)의 총장 천겅(陳賡)이었다. 첸쉐썬은 미국에 있을 때부터 천겅이라는 이름을 들은 적이 있다.

지금 이 전설적인 인물이 자신의 앞에 서 있다. 천겅은 일부러 베이징에서 하얼빈으로 돌아와 첸쉐썬을 접대한 것이었다.

"쉐썬 씨가 생각하기에 중국인 스스로 미사일을 만들 수 있는지요?"

무장 출신인 이 대학 총장은 말하는 것도 통쾌했다. 첸쉐썬이 자리에 앉기도 바쁘게 천겅이 먼저 말을 꺼냈다.

"왜 못해요? 외국인만 할 수 있다는 법은 없으니까요. 우리 중국인도 할 수 있고말고요. 중국인이 외국인보다 못하나요?"

첸쉐썬도 명쾌하게 말했다. 말이 끝나자 두 사람은 호탕하게 웃었다. 두 사람이 이야기할 중요한 문제가 의외로 이 두 마디로 해결될 줄 몰랐다. 두 사람 모두 서로의 솔직함에 기뻐했다. 천-첸의 군사동맹은 이렇게 맺어졌다.

첸쉐썬은 노년에 이르러서도 이 장면을 떠올리면서 감개무량해 하였다.

"이렇게 일문일답으로 내 후반생의 운명이 정해졌다네."

2. 꿈이 현실로

미사일을 개발하고 국방력을 강화하는 것은 오래전부터 첸쉐썬의 소망이었다. 미국에 있을 때는 미국에 많은 기여를 했다. 하지만 이제 조국을 위해 공헌해야겠다고 생각하니 첸쉐썬은 기분이 아주 좋았다. 게다가 천경이라는 동맹군의 지지도 있으니 되도록 빨리 행동으로 옮겨야겠다고 다짐했다. 그는 밤을 새워가며 천경 장군과 함께 하얼빈에서 베이징으로 돌아왔다.

중국에서 미사일을 연구하다니? 농담을 하는가? 미사일이 어떤 것인지 본 사람이 있는가?

천경 장군과 마사일 연구를 약속한 후 첸쉐썬은 깊은 생각에 잠겼다. 마오쩌둥 주석과 저우언라이 총리 그리고 중앙 지도자들은 그를 지지하지만 관건적인 문제는 지식과 기술이었다.

미국에서 미사일을 연구한 적은 있지만 발사에 성공한 적은 없었다. 게다가 미국의 연구 설비는 세계 일류인데 중국은 아직 연구 조건이 갖추어져 있지 않다. 심지어 전문적인 실험기기 한 대도 없었다.

해야 되는지 말아야 되는지 걱정이 태산이었다.

그는 엄숙해졌다. 나는 무엇을 위해 귀국했는가? 향락을 탐내서? 여생을 편안히 보내기 위해서? 이러한 것들은 첸쉐썬이 바라는 것이 아니었다.

첸쉐썬은 천천히 소파에서 일어섰다. 조국, 당신의 아들은 여생을 당신을 위해 일할 것입니다. 비록 이 일을 성공시키지 못할 수도 있지만 빌딩을 지으려면 첫 초석이 필요한 것처럼 시도하여 기반을 마련해 두는 것도 나쁘지 않기 때문이다.

1956년 10월 8일, 첸쉐썬이 귀국한 지 1년이 되는 그날, 베이징 자죽원(紫竹

院)의 서남쪽에 위치한 한적한 작은 방에서 중국 최초의 로켓미사일연구소인 국방부 제5연구원(國防部第五研究院) 설립 대회가 열렸다.

수십 명의 공화국 장수들이 일렬로 앉았고, 그 뒤에는 156명의 갓 졸업한 지방 대학생들이 앉아 있었다. 그들은 진지하면서도 흥분에 들떠 있었으며 두 눈에는 호기심이 가득하면서도 자신감이 넘쳐 있었다. 그들은 모두 첸쉐썬을 응시하고 있었다. 왜냐하면 이곳에서 첸쉐썬만이 말할 자격이 있고 오직 그만이 미사일이 무엇인지 알고 있었기 때문이다.

첸쉐썬은 마치 사령관이 전쟁터에 나가기 전에 병사들을 동원하는 것과 같이 흥분 섞인 목소리로 크게 말했다.

"동지들, 우리는 맨손으로 시작하기 때문에 불가피하게 곤란을 겪을 것입니다. 방법은 하나입니다. 진지해야 합니다. 여러분이 진지하게 사업에 임한다면 오르지 못할 고봉이 없고 극복하지 못할 어려움도 없습니다. …… 미사일은 한 나라의 국방지위를 나타냅니다. 그러므로 우리들은 조국의 강대한 국방력을 키우기 위해 무명 영웅이 될 준비를 해야 할 것입니다."

강렬한 책임감을 안고 천쉐썬은 조금도 게을리 하지 않았다. 그는 바쁘게 움직이기 시작했다. 그는 소장으로서 반드시 직접 움직여야 했다. 연구소의 입지 선정, 설비 구입, 계획 세우기, 기술자 배치하기, 심지어 어느 기계의 부품이 고장 나면 그는 친히 새것을 사서 바꾸려고 했다. 그는 막 새 집으로 이사 온 가정주부처럼 집안 모든 것에 관심을 갖고 신경을 썼다.

고희에 이른 폰 카르멘은 자신이 아끼는 제자가 자신의 조국을 위해 첫 미사일을 개발했다는 소식을 듣고 매우 기뻐하면서 첸쉐썬에게 이런 서신을 보내 왔다.

"나는 자네가 너무 자랑스럽구만. 자네는 이미 자네의 스승을 능가했네 ……"

온갖 찬사 앞에서 첸쉐썬은 항상 겸손하였다. 그는 이 첫 미사일이 중국이 독자적으로 만들어낸 것이 아니라 마치 조롱박을 본떠서 바가지를 그리듯이 모방해 만들어낸 것임을 잘 알고 있었다. 로켓 발사 기술을 실제적으로 보유하려면 누구를 모방하는 것이 아니라 독자적 개발이 필요하다.

1962년 3월 2일, 국방색 로켓 한 발이 드넓은 사막에 우뚝 솟았다.

"독립자주(獨立自主), 자력갱생(自力更生)"이라고 쓰여 있는 이 증기탄은 우주 연구원들이 1년 4개월 만에 만들어 낸 것이다. 소련이나 미국은 대단하긴 하지만 미사일을 개발하는 데 소련은 4년 넘게 걸렸고 미국은 7년 넘게 걸렸다. 그러나 중국은 2년 남짓 걸렸다. 즉 중국은 미국과 소련에 비해 더 짧은 시간 안에 중거리 미사일을 연구 제작해 낸 것이다.

1961년, 중국은 전국적으로 심한 자연재해를 입어 굶어 죽는 사람도 있었다. 국위선양을 할 수 있는 미사일을 만들기 위하여 수천 명의 미사일 연구원들은 삭풍이 몰아치는 사막에서 묵묵히 일했다. 성공에 대한 갈망으로 그들은 피로와 허기를 잊다시피 했다.

이 로켓을 독자적으로 개발 제작하느라 첸쉐썬은 너무나 많은 심혈을 기울였다. 물론 타국의 기술적 도움이 없이 독자적으로 이런 임무를 완수하는 것은 처음이었기에 첸쉐썬은 마음이 놓이지 않았다.

"작동!"

"촬영!"

"점화!"

구령 하나하나에 신경이 곤두선 첸쉐썬은 사막에 우뚝 솟은 '둥펑(東風) 2호' 로켓을 집중해 쳐다봤다.

"우르르……"

미사일이 한 마리 아름다운 봉황새처럼 맹렬한 불길 속에서 천천히 날아

올랐다.

"성공이다!"

감격에 겨운 사람들은 대피할 겨를도 없이 참호에서 뛰어나와 미사일 발사의 굉음 속에서 모자와 목도리를 던지며 한껏 환호했다. 하지만 미사일은 갑자기 방향을 바꿔 정상 궤도에서 이탈해 600여 미터 떨어진 사막에 쾅 하고 떨어졌다. 이 갑작스런 광경을 보고 현장에 있던 모든 사람들은 놀란 나머지 멍해졌다. 모두들 인형처럼 우두커니 서 있기만 했다. 내던진 모자와 목도리는 소리 없이 모래 위에 떨어졌다.

"엎드려!"

미사일이 추락한 지 한참 후에야 한 군부 지휘관이 악몽에서 깨어난 듯이 자신이 외쳐야 할 구령을 떠올렸다. 버섯구름이 피어 오른 뒤 먼지가 흩날리는 구덩이 주위로 모두들 말없이 모였다. 직경이 무려 28미터나 되는 흙구덩이 속에 그들이 아끼는 미사일이 중상을 입은 노병처럼 가만히 누워 있었다. 동지들은 울며 구덩이 주위에 둘러섰다. 그들은 감당하기 어려운 실망감에 휩싸였다.

첸쉐썬도 몹시 괴로워했다. 강렬한 책임감으로 그는 자책감에 빠져 자신을 호되게 욕하고 싶었으며 목 놓아 실컷 울고 싶었다. 그러나 연구소의 수장으로서 그는 그 상황 속에서 그렇게 할 수 없었다.

"여러분, 제가 미국에 있을 때 논문 한 편을 썼는데 아주 중요한 논문이었지요. 최종본은 겨우 몇 페이지에 불과했지만 그것을 완성하기 위해 쓴 초고와 수정본은 상자 하나를 가득 채웠답니다. 실험이란 것이 매번 성공만 한다면 실험할 필요가 뭐 있겠습니까? 실패를 두려워하면 안 되지요. 실패를 통해 경험을 얻을 수만 있다면, 우리는 더 지혜로워질 겁니다!"

슬픔을 인내하며 첸쉐썬은 동료들을 위로했다. 하지만 첸쉐썬은 너무 괴로웠다. 조국이 가장 어려울 때 거액을 들여 연구를 지원해 주었건만 자신은 조국을 위해 만족할 만한 성과를 내지 못했기 때문이었다. 집으로 돌아온 첸쉐썬은 며칠 동안 집에만 있었다. 그는 설계도와 실험 방안을 보고 또 보았다. 실상을 밝히기 위해 그는 문제가 발생할 수 있는 부분을 하나하나 체크해 나갔다.

"어찌 린따이위(林黛玉)처럼 바람에 쓰러질 것마냥 약해 보입니까?"

로켓 발사 때 국방부 제5 연구원 부원장 왕정(王諍) 중장의 이 말이 떠올랐다.

맞다. 로켓이 너무 길어서 생긴 문제일 수도 있다고 생각하며 첸쉐썬은 연구원들과 이 문제에 대하여 토론을 벌였다. 그는 하루 종일 연구팀 사이를 분주히 오갔다. 지상 시험을 강화해야 했기 때문에 그는 지상 시험 테스트베드 건설에 참가했다. 그의 얼굴은 먼지로 가득했다. 그는 '둥펑 2 호'가 빨리 비행 시험에 투입될 수 있도록 근로자들과 함께 힘을 모았다. 시간을 단축시켜야 했으니까.

1963년 9월, 미사일 테스트베드가 완공되었다.

1964년 초, 개량된 '둥펑 2호'는 미사일 테스트를 통과했다.

1964년 6월 29일 오전 7시, '둥펑 2호'가 또 다시 주취안(酒泉) 발사대에 세워졌다.

"첸쉐썬 동지와 협의한 끝에 '둥펑 2호' 중거리 미사일을 오늘 아침 7시 5분에 정식으로 발사하였습니다. 발사는 매우 성공적입니다."

희소식을 담은 뉴스가 전국의 수많은 가정집에 전해졌으며 첸쉐썬이란 이름도 전국의 방방곳곳에 다시 한번 퍼져 나갔다. 첸쉐썬은 주위 동지들의 환호 소리를 듣고는 미소를 지으며 슬그머니 그 자리를 떠났다. 이미 며칠 동안 편안하게 잠을 못 잤기에 집에 돌아가서 한잠 푹 자려는 것이다.

제8장

 첸쉐썬, 60세에 가까운 이 노인은 10대, 20대의 젊은이들에게 이리저리 밀리고 있었다. 그의 코에서 피가 흘러나와 입가를 타고 뚝뚝 떨어졌다. 첸쉐썬은 사람들 틈에 끼어 추운 겨울밤의 냉혹함과 혹독함을 느꼈다.

1. 진정한 영웅

 연구원들이 연구실에서 열정적으로 실험을 하고 있을 때 중국의 많은 대도시에서는 불협화음이 생겼다. 게다가 독감처럼 자신도 모르는 사이에 사람들을 감염시키며 빠르게 번져 나갔다.
 한때 신비로운 색채를 띠었던 이 나라가 이제 또 다른 신비로움에 싸이게 되었던 것이다. 하룻밤 사이에 길거리에는 셀 수 없이 많은 비판 투쟁의 무대가 세워졌다. 머리 위에는 붉은색 플래카드들이 나부꼈고 열광자들에 의해 대자보가 벽에 하나 둘 붙여졌다. 사람들은 미친 듯이 거리로 몰려 나갔으며 갓 등교한 아이들까지도 흥분해 앳된 주먹을 높이 치켜들고 소리치고 있었다.

"반란이 일어나는 데는 이유가 있다."

기승을 부리는 이런 '유행성 감기'로 인해 많은 젊은 학생들이 병들게 되었다. '저항력'이 약해 흑백 시비가 가려지기도 전에 전염된 학생들은 혁명적 색채가 가장 짙은 초록색 군복을 입었으며, 가장 위협감을 주는 홍위병(紅衛兵)이라는 붉은색 완장을 달았다.

붉은 빛의 광풍이 모든 사람에게 충격을 주었다. 크고 작은 길거리마다 의분에 차 구호를 외치는 시위대가 줄을 이었다. 그들은 피맺힌 원수라도 있듯이 성난 눈으로 사람들을 노려보며 혼신의 힘을 다해 "주자파(走資派, 자본주의 추종파)를 타도하자!"라는 구호를 외쳐댔다.

베이징에 위치한 첨단과학기술대학인 제7기계공업부(第七機械工業部)도 그 붉은 파도의 충격을 피해 가지는 못했다. 그들은 마치 한 척의 작은 독목선처럼 망망대해에서 발버둥치고 있었다. 언제부터인가 사람들은 "지식은 많으면 많을수록 반동적이다."라는 생각을 갖게 되었다. 그리고 그런 논조가 곧 학생들에게 받아들여졌으니 중국 최고의 과학기술대학인 제7 기계공업부도 피해갈 수 없었던 것이다.

고령의 전문가들은 마치 잠에서 깨자마자 잡귀신이 들린 듯 졸린 눈을 비비며 홍위병들에게 끌려 나갔다. 아무리 도리를 따지고 억울함을 호소해도 정의의 가면을 쓴 젊은이들은 사정을 봐주지 않았다.

한동안 길거리 곳곳에는 가슴에 딱지를 달고 머리에 고깔모자를 쓴 '주자파'들이 넘쳐났고, 크고 작은 무대 위에는 홍위병들의 스승이었던 노인들이 무릎을 꿇고 있었다. 그들 가운데 많은 사람들은 머리카락이 이미 희끗희끗했고 어떤 사람은 병중에 있기도 했다. 그러나 홍위병들은 이를 전혀 아랑곳하지 않고 침을 튀겨 가며 주자파를 타도하자는 구호를 외쳐 댔다. 관중들마

저도 덩달아 팔을 휘둘어 대며 구호를 외쳤다.

그와 동시에 홍위병들 사이에서는 불문율 하나가 형성되었다. 공로가 크고 지위가 높은 사람일수록 반혁명자라서 이들을 자신들이 비판하고 투쟁해야 할 대상이라는 것이다. 심지어는 '우붕(牛棚, 소우리)'이라고 불리는 구치소에 이 사람들을 가두어 두기도 하였다.

모두들 첸쉐썬이 걱정되어 손에 땀을 쥐었다.

미국에서의 20년 경력만으로도 외국과 내통한다는 혐의를 받을 만한데다가 첸쉐썬은 우주과학계의 원로이기 때문이었다.

그러나 첸쉐썬은 그런 것을 두려워하지 않았으며 황당무계한 현실이 오래 가지 못할 것이라고 했다. 그는 여전히 매일 자신의 연구에 몰두하였다. 조용한 작업 환경을 찾기 위해 동료들과 함께 중국의 광활한 서북지역에 가서 열심히 연구하면서 재도약을 도모하였다.

1964년 10월 16일, 중국의 첫 원자탄이 성공적으로 폭발하였다.

많은 사람들은 그런 고난도의 기술이 중국에서, 특히 '정치적 산사태'로 불리는 정치운동이 벌어지는 이 와중에 중국에서 성공하리라고는 믿지 않았다.

외국 전문가들도 놀랐다. 그들은 하나같이 눈이 휘둥그레져 그게 정말이냐고 물었다.

미국 정부에서도 후회막급이란 말의 의미를 다시 한 번 새겨 보게 되었다. 그들 가운데 어떤 사람들은 당초에 그 탁월한 인재를 왜 붙잡아 두지 않았느냐고 하면서 서로들 원망했다.

원자탄 폭발 실험을 성공시켰지만 이는 첸쉐썬의 진정한 목표가 아니었다. 그의 양미간에는 더욱 큰 비밀, 즉 원자탄과 수소폭탄을 결합시키려는 구상이 숨어 있었다.

첫 원자탄 폭발의 여운이 아직도 사람들의 마음속에 남아 있을 때 첸쉐썬은 서북지역에서 베이징으로 돌아왔다.

황금빛 가을을 맞이한 베이징은 따스한 햇살이 넓은 대로로 찬란하게 쏟아져 내렸다. 막 비가 내린 직후라서 공기도 매우 맑았다. 첸쉐썬은 중요한 보고를 하러 국방과학기술공업위원회(國防科學技術工業委員會)로 향하고 있었다.

국방과학기술공업위원회의 회의실에서 첸쉐썬은 늘 그러했듯이 가장 눈에 띄는 자리에 앉았다. 그는 맞은편에 앉아 있는 녜룽전(聶榮臻)을 비롯한 중앙 지도자들 앞에서 보고하기 시작했다.

첸쉐썬의 그 보고 내용은 원자탄과 수소폭탄의 결합에 대한 구상이었다.

원자탄과 수소폭탄의 결합이란 예사로운 일이 아니다. 저우언라이 총리는 이에 대해 매우 큰 관심을 가지고 여러 번 문의하며 몸소 현장에 가서 지도하기도 했다. 첸쉐썬은 더 높은 목표에 도전하기 위해 고민하고 있었다.

과학 연구를 하려면 실험을 떠날 수 없으며 실험을 하려면 희생이 불가피하기 마련이다. 최적의 효과를 얻기 위해 첸쉐썬은 열 실험 방법을 과감하게 제안했고 또 성공을 거두었다.

1965년 5월 15일 <신문공보(新聞公報)>에는 다음과 같은 글이 실렸다.

"이는 1964년 10월 16일, 첫 원자탄 폭발 성공에 이어 중국 인민이 국방을 강화하고 조국 안전과 세계 평화를 수호하는 데 필요한 또 하나의 중대한 성과이다."

마오쩌둥 주석은 첸쉐썬을 다시 접견하였는데 70여 세의 마오 주석은 그의 서재에서 첸쉐썬에게 자신의 소망을 흥미진진하게 이야기했다.

그러나 그는 어찌 알았겠는가? '양탄 결합'의 첫 실험이 한창일 때 사막 깊숙한 곳에 있는 실험기지가 가혹한 '독감'의 파장에 휩싸이게 되었다는 것을! 그 많은 연구원들도 두 세력으로 갈라졌다. 그 중 한 세력은 발사하지 말 것을 주장했고, 다른 한 세력은 발사할 것을 주장했다. 발사 대기 중인 원자탄은 심각한 파벌투쟁에 휩싸이게 되었다.

이미 발사 준비 중인 원자탄을 놓고, 만약 발사하지 않는다면 그 뒷감당은 상상하기조차 어려웠다. 국가에서 이를 위해 소모한 재력만 해도 부지기수에 이르기 때문이었다.

모두가 파벌투쟁으로 골머리를 앓고 있을 때 첸쉐썬이 말했다. 그는 매우 엄숙하고 우울한 눈빛으로 연구원들의 얼굴을 훑어보았다. 연구원들은 자신도 모르게 가슴이 철렁 내려앉았다.

"발사하는 것으로 정합시다!"

첸쉐썬의 목소리는 너무나도 단호했다.

사람들은 그의 위엄 있는 말에 승복했다.

모여 있던 사람들이 점점 흩어져 각자의 일자리로 돌아갔다. 중앙지도자도 말리지 못한 그 파벌싸움을 천쉐썬은 말 한 마디로 제지했던 것이다.

1966년 10월 27일, 중국의 서북지역에 또 한 번 아름다운 버섯구름이 피어올랐다.

그날 이후로 중국은 세계에서 핵무기를 보유한 대국의 지위를 확립하게 되었다.

2. 동화가 아닌 현실

첸쉐썬은 어린 시절의 꿈을 잊은 적이 없었다. 과학을 위해 평생 헌신한 이 연로한 과학자에게 있어서 우주로 날아오르고 싶은 꿈은 영원한 것이었다.

일찍이 1961년에 첸쉐썬은 성간 비행에 관한 논제를 제기한 바가 있다. 첸쉐썬은 드넓은 별하늘과 고요하고 신비로운 별들에 마음이 끌렸다.

게다가 중국에는 상아가 달나라로 날아 올라갔다거나 손오공이 천궁에서 소란을 피웠다거나 하는 등 수많은 아름다운 전설들이 내려오고 있다. 어릴 때부터 귀에 익도록 들은 그런 이야기들은 첸쉐썬에게 지혜의 문을 열어 주었다.

현재 중국의 우주비행기술은 이미 초보적인 규모를 갖추었다. 첸쉐썬은 자신의 일생을 조국의 상공에 인공별자리를 점화하는 데 바치고 싶었다. 그리고 조국의 상공에서 영원히 비행하고 싶었다.

그의 이 구상은 관련 부서의 지지를 받았다.

첸쉐썬이 이 방면의 자료를 수집하기 시작한 당시만 해도 인공위성은 어려운 과학적 언어로 다른 나라에서도 생소한 개념이었다. 소련과 미국에서는 각각 1957년과 1958년에 인공위성을 쏘아 올렸다.

첸쉐썬은 자료를 찾기 위해 며칠씩 서재에 머물렀다. 식사 시간이 되면 아내 장잉이 그의 서재에 끼니를 챙겨다 주었다. 밤에도 그는 서재에서 잤다. 며칠 동안 그는 대량의 서적과 신문, 잡지를 읽었으며 외국의 잡지에서 필요한 자료들을 찾았다.

자료 찾느라 고생한 그는 눈이 푹 꺼지고 얼굴이 노랗게 되었으며 입술이 메말라 갈라졌고 머리카락도 마초처럼 헝클어져 있었다. 장잉은 첸쉐썬을 보고는 눈시울이 붉어졌다. 그녀는 몸을 사리지 않는 첸쉐썬을 원망하고 싶었지만 한마디도 하지 못했다. 이 부부는 이미 서로를 너무 잘 알고 있었던 것이다.

뒤쳐지는 것을 싫어하는 중국의 수령 마오쩌둥은 미국이 이미 인공위성을 제작하였다는 소식을 듣고 중국도 인공위성을 제작할 것이라고 전 세계에 선포하였다.

비록 첸쉐썬을 비롯한 한 세대의 과학자들은 문화대혁명이라는 역사의 소용돌이 속에서 많은 부당한 대우를 받으면서 당혹함을 겪기도 했지만 마오 주석에 대한 충성심은 변함이 없었다. 그들은 마오 주석을 그토록 사랑하고 존경했다. 이 성스러운 임무 앞에서 첸쉐썬은 또 간고한 여정을 시작하였다.

1940년대, 미국에 있던 첸쉐썬은 진작부터 이 방면의 연구에 착수하였다. 공업이 급속도로 발전하는 것을 경험한 이 과학자는 자신의 탁월한 식견으로 멀지 않은 장래에 통신 폭발 시기가 도래할 것이라고 예측했다. 그는 로켓여객비행기를 염두에 두고 성간비행이론을 연구하기 시작하였다.

1962년에 출판한 저서인 『성간우주비행개론(星際航行槪論)』에서 첸쉐썬은 처음으로 우주비행기를 구체화하였다.

첸쉐썬의 사상은 이미 그 자신의 것만이 아닌 중화민족의 것이 되었으며 어디로 가든지 기적을 만들어낼 수 있는 무기가 되었다. 첸쉐썬의 건의에 따라 우주비행 사업을 발전시키고 인공위성 연구 제작을 기획하는 것은 이미 중국의 국가발전계획 중 하나가 되었다

첸쉐썬은 또 한번 중요한 사명을 짊어져야만 했다.

20세기 60년대 말과 70년대 초는 바로 "전국의 산천이 온통 붉게 물든" 시대였다. 전국 인민이 모두 시위행진을 하고 대자보를 쓰며 잡귀신들과 싸우고 있었다. 그러니 어디 누가 기계 부품을 생산하러 가겠는가? 그런데 부품이 없다면 어떻게 위성을 제조할 수 있단 말인가?

저우 총리는 나라의 재산을 보호하고 국가의 주요 연구 프로젝트를 추진하기 위해 모든 위성제조업체를 군부대 소속으로 편제를 바꾸었다. 이리하여 모든 과학기술 연구원들은 군복을 입게 되었고 군복을 입은 사람이라면 누구나 혁명에 참여해야 했다. 따라서 국가 건설은 이 "녹색 보호 우산" 아래에서 순조롭게 진행될 수 있었다.

한 번은 한 무리의 반란파가 제7기계공업부에 쳐들어와 "자산계급 건설만

진행한다."는 이 부서를 소탕하겠다고 큰소리치며 마구 부수기 시작했다. 이때 첸쉐썬이 마침 사무실을 나오고 있었다. 그러자 반란파들은 첸쉐썬의 옷을 잡아채더니 그를 "법대로 처벌해야 한다."고 하면서 첸쉐썬이 중국에서 가장 큰 자본주의파이자 악마라고 떠들어 댔다. 또한 첸쉐썬이 미사일을 만드는 것은 중국을 폭파하기 위한 것이라고 훼방했다.

첸쉐썬은 반란파들의 허튼 소리를 들으면서 분개해하였다. 그러나 한편으로는 이렇게 소란을 피우는 반란파의 구성원인 학생들이 측은하기도 하였다. 그는 낮은 소리로 "학생들은 모를 것이오. 소란 그만 피우고 돌아가서 공부하세요. 공부야말로 옳은 길이오."라고 타이르기까지 했다.

이 말이 반란파들을 더욱 화나게 할 줄 누가 알았겠는가? 반란파들은 첸쉐썬을 땅에 쓰러뜨리고 영원히 일어설 수 없게 하겠다고 외치면서 몽둥이와 돌멩이로 미친 듯이 첸쉐썬을 내리쳤다.

첸쉐썬, 60세에 가까운 이 노인은 10대, 20대의 젊은이들에게 이리저리 밀리고 있었다. 그의 코에서 피가 흘러나와 입가를 타고 뚝뚝 떨어졌다. 첸쉐썬은 사람들 틈에 끼어 추운 겨울밤의 냉혹함과 혹독함을 느꼈다. 그는 분개했다. 이것이 중국의 미래란 말인가?

공적이 탁월하고 기개가 비상한 이 과학자는 지금 무기력을 느끼며 반란파들에 의해 좌우지될 수밖에 없었다. 그중 가장 떠들어대던 한 반란파가 아주 뾰족한 고깔의 모자를 첸쉐썬의 머리에 씌워 주었는데 이 모자 위에는 '자본주의파 첸쉐썬'이라는 글귀가 적혀 있었다. 첸쉐썬이 반란파들에게 끌려 제7기계공업부의 정원에서 조리돌이를 당하고 있을 때 저우언라이 총리가 제7기계공업부를 찾아왔다. 그는 첸쉐썬과 같이 국가대사를 의논하고자 했던 것이다. 그런데 첸쉐썬이 반란파들의 비판 투쟁을 받고 있을 줄은 몰랐다. 그는 의분이 치밀어 올라 차에서 내리자마자 홍위병들을 호되게 꾸짖었다. 저우 총리는 몸부림에 지친 첸쉐썬을 보고는 아무 말도 하지 못하고 눈물을 흘리기만 했다.

이 사람은 중국의 과학자가 아니던가? 이 과학자는 우여곡절 끝에 조국의 품으로 돌아와 중국이 세계에서 빛날 수 있도록 하지 않았던가? 그런데 오늘처럼 이런 수모를 겪다니?

첸쉐썬은 저우 총리를 보자마자 자기도 모르게 눈물을 흘렸다. 그 후부터 저우 총리는 제7기계공업부에 각별히 신경을 써 주었다. 여러 방식으로 과학 기술 인력들의 안전을 보호함으로써 중국 과학기술의 탄생지인 이곳을 진정한 "녹색 보험 금고"로 만들었다.

비록 억울함도 있지만 첸쉐썬은 시종일관 뜨거운 애국심을 지닌 과학거장이었다. 그의 애국심은 환경이 아무리 엄혹해도 변하지 않았다. 그는 자기 집 마당에서 누군가 그에게 던진 돌을 자주 주웠다. 그 돌은 종이로 싼 것이었는데 종이에는 "죽어라." 아니면 "언젠가는 폭탄이 너를 폭파시킬 것이다." 라는 흉악한 글귀들이 적혀 있었다. 이런 글귀를 볼 때마다 첸쉐썬은 늘 미소를 지으며 한쪽으로 던져 버리곤 했다. 그는 그것이 단지 일시적으로 미혹에 빠진 소수인들의 악독한 공격에 불과할 뿐 대다수 중국인들의 마음은 그렇지 않을 것이라고 생각했다. 그는 대다수 중국인들은 여전히 그를 지지하고 있다고 믿었다.

저우 총리의 보호로 그의 집은 그나마 안전했다. 그리하여 소규모 학술회의는 공공장소가 아닌 그의 집에서 열기로 하였다.

연구원들은 밤낮없이 연구하여 드디어 결론을 얻어냈다. 즉 로켓 발사 위치를 정 동쪽에서 남쪽으로 70도 기울인 곳에 맞추기만 하면 전 세계의 모든 사람이 볼 수 있을 뿐만 아니라 로켓 작업을 완성 한 후에 그 잔여가 간쑤성과 남중국해에 떨어져 국제 분쟁을 피할 수도 있다는 결론이었다. 이 모든 것은 탁상공론에 불과하며 그것을 실현시키려면 실험을 해야 했다.

첸쉐썬과 그의 동료들은 또 밤낮없이 연구하기 시작하였다. 실험 현장에서 사람들은 모두 작업복과 작업모를 착용하고 얼굴을 꽁꽁 숨긴 채 고개를 숙이고 허리를 구부렸으며 한 쌍의 눈은 거의 실험기기에서 떨어지지 않았다. 여러 번 실험한 결과 그들은 로켓이 자주 흔들린다는 것을 발견했다. 이는 그리 좋은 현상이 아니다. 왜냐하면 로켓이 흔들리면 3단 점화기가 예정된 궤도에 진입하는 데 영향을 미칠 수 있기 때문이다.

실험 결과를 지켜본 첸쉐썬은 자신감 있게 "괜찮아요."라고 말했다. 모두들 왜 괜찮다는 거지, 첸쉐썬이 잠깐 어떻게 된 건가 하며 어리둥절해 하였다. 실험은 예정대로 진행되었다. 과연 실험 결과는 예상한 것과 완전히 일치하였다. 첸쉐썬은 "이는 완전히 무중력에 가까운 상태에서 생겨난 것이다."라고 분석하였다.

과학자는 함부로 말을 내뱉지 않는다. 그 말에는 반드시 일정한 근거와 이치가 있기 마련이다. 이 난제는 해결되었지만 더 큰 어려운 문제가 첸쉐썬을 기다리고 있었다.

연구원들은 우리나라의 첫 인공위성으로 노래 <동방홍(东方红)> 을 방송하여 전 세계 사람들에게 들려주고자 하였다. 첸쉐썬은 마오 주석이 한 시대를 대표할 뿐만 아니라 새 중국을 대표한다고 생각했다. 따라서 마오쩌둥을 노래하는 <동방홍>을 틀어주는 것은 전 세계의 인민들이 "중국에 모우쩌둥이 있다."는 사실을 각인시키는 데 큰 효과가 있을 것이라고 첸쉐썬은 생각했다.

그러나 이를 실천한다는 것은 아주 어려운 일이다. 위성을 통해 노래를 방송하는 것은 집에서 라디오를 듣는 것처럼 누구나 원하는 대로 들을 수 있는 것이 아니었기 때문이다.

길을 걸을 때도, 밥을 먹을 때도 첸쉐썬의 머릿속은 온통 이 일을 어떻게 성사시킬 것인지에 대한 생각으로 가득 차 있었다. 그는 마오 주석에게 실망을 안겨 드리고 저우 총리에게 걱정을 끼쳐 드리고 싶지 않았다.

그 시대에 범죄는 고사하고 평이한 말이라도 심보 나쁜 사람이 듣기만 하면 많은 "내포된 뜻"을 꾸며낼 수 있었다. 특히 마오 주석에 관한 일이었으니 만일 의도치 않게 실수라도 하면 목이 잘릴 수도 있었다. 그러니 이렇게 심각한 정치 문제는 주도면밀하게 고려하지 않으면 안 되었다.

한 차례의 보고회의에서 첸쉐썬과 동료들은 잇달아 계책을 내놓았다. 그들은 토론을 거쳐 마침내 실시 가능한 방안을 결정하고 나서야 비로소 안도의 한숨을 내쉬었다.

모두들 기쁜 마음으로 회의실을 나왔다. 회의실에 첸쉐썬 혼자 남았다. 그는 피로가 몰려오는 것을 느꼈다. 그는 쓰러지지 않으려고 강단에서 가까운 자리로 겨우 옮겨가 앉았다. 그는 자신이 확실히 젊지 않음을 느꼈다. 일 년 내내 피로 때문에 머리카락이 빠지기 시작하였는데 지금 그의 넓은 이마에는 땀방울이 송골송골 맺혔으며 한 쌍의 눈은 푹 꺼져 들어가 과거의 빛과 생기를 찾아볼 수 없게 되었다. 이 위대한 애국자는 피로를 느껴 한숨 푹 자고 싶었다.

그러나 위성 발사는 마지막 실험 단계에 이르렀다.

부품들은 품질이 형편없었는데 크고 작은 문제들이 계속 생겼다. 이를테면 사이즈가 맞지 않거나 형태가 맞지 않거나 하는 것이었다. 첸쉐썬과 그의 동료들은 작업장에서 불편함을 느꼈다. 하지만 무슨 방법이 있겠는가? 지금은 국내 정세가 혼란하니 어떤 생산자가 부품의 품질을 고려하겠는가? 어지러운 세상에서 오로지 과학 연구에만 몰두할 수 있는 자를 찾기도 어려운데 부품이 안 좋다고 투정을 부리다니? 첸쉐썬은 마음속으로 스스로를 위로했다. 그러나 과학에 대한 신중한 태도는 그로 하여금 부품 관리도 엄격하게 하도록 했다. 왜냐하면 문제가 생기면 보통 일이 아니라는 걸 그는 잘 알고 있기 때문이었다. 국고가 풍족하지 않은 현실 앞에서 만약 막대한 자금을 들여 제작하는 로켓이 원하는 효력을 발하지 못하고 위성을 하늘로 쏘아 올리지 못한다면 무슨 낯으로 조국을 마주할 수 있단 말인가? 또 마오쩌둥 주석과 저우언라이 총리를 볼 면목도 없지 않는가?

이렇게 생각하면서 첸쉐썬은 불합격 부품들을 하나하나 골라내어 전부 재생산하라고 지시하였다. 만전을 기하기 위해 발사를 연기할 수밖에 없었다.

14일, 밤샘 야근 끝에 실험이 끝나 로켓을 발사할 수 있게 되었다.

15일, 서북지역에서 베이징으로 출발한 첸쉐썬은 업무 상황을 저우 총리에게 보고하였다. 보고를 들은 저우 총리는 눈살을 찌푸렸다. 항상 상냥하고 친절하던 저우 총리가 첸쉐썬의 업무 보고를 듣고 화가 났다. 저우 총리는 문제가 있는 로켓을 점화시켜 하늘로 발사하면 얼마나 큰 손해를 볼까하면서 질문을 하고는 지상에서 세 번 점검할지언정 결함이 있는 로켓은 점화시킬 수 없다고 딱 잘라 말했다. 옳은 말이었다. 모든 문제를 해결하지 않고서는 하늘로 올려 보낼 수 없다. 오랫동안 고생스럽게 일을 했는데 물거품이 되어서야 쓰겠는가?

첸쉐썬이 저우 총리의 사무실을 나설 때 날은 이미 밝았다. 저우 총리와 작별하고 첸쉐썬은 다시 서북의 사막지역으로 향하는 비행기에 올랐다. 비행기는 푸른 하늘에서 구름 사이로 잘도 날았다. 그러나 첸쉐썬은 마음이 무거웠다.

초봄의 고비사막은 아름다운 모습을 드러내고 있었다. 비록 망망한 들판이라 쓸쓸한 감이 없지 않으나 파릇파릇한 풀과 연한 노란색 꽃들이 이 대지를 아름답게 꾸며주고 있었다. 첸쉐썬은 아름다운 이 땅을 밟으며 숨을 한모금 들이마셨다. 그는 멈춰 서서 대자연이 주는 선물을 만끽하고 싶었다. 저 먼 산, 가까이 서 있는 나무, 높은 하늘과 둥둥 떠다니는 구름, 잠시만이라도 그가 짊어진 책임을 잊게 하는 존재들이었다…….

우렁찬 기계소리에 첸쉐썬은 사색을 멈추고 시선을 발사기지로 돌렸다. 이미 점심시간이었다. 강렬한 태양이 대지를 비추고 있었다. 연구원들은 여전히 긴장한 상태로 발사 시험을 하고 있었다. 그 누구도 첸쉐썬이 그들을 향해 오고 있다는 사실을 눈치 채지 못했다.

첸쉐썬은 기지에 들어서자마자 작업복과 작업모를 착용하고 연구원들과 함께 작업을 시작했다. 모두 힘을 모아 마침내 육중한 기계를 자동차에 실었다. 일을 마치고 휴식하고 있을 때에야 한 연구원이 비로소 그를 알아보았다.

첸쉐썬이 베이징에서 돌아왔다는 소식을 들은 사람들은 첸쉐썬을 둘러싸고 이것저것 물어보았다. 그들은 이번 발사에 대한 당중앙의 의견을 몹시 중요하게 생각했으며 현재 국내 정세도 매우 알고 싶어 했다. 필경 그들은 몇 달 동안이나 집에 돌아가지 못하고 있었으니 말이다.

첸쉐썬은 모두의 질문에 하나하나 답하고는 "이 결정적인 순간에 우리는 한시도 소홀하면 안 됩니다. 총리님께서는 우리가 최선을 다해 최종적 승리를 거두기 바라고 계십니다."라고 의미심장하게 말했다.

사막의 밤은 신비롭다. 하늘에는 두세 개의 별이 반짝이고 바람은 살랑살랑 불어온다. 가끔 야생동물의 울부짖는 소리도 들려온다. 끝없이 펼쳐진 어두운 밤에 타오르고 있는 불길이 있었으니 바로 발사대 연구원들의 뜨거운 마음이었다.

라스트 스퍼트가 전면적으로 전개되었다. 발사를 담당하는 지휘관이 차례로 각 관측소를 호출하자 맑은 응답 소리가 고요한 밤하늘에 울려 퍼졌다. 두 개의 붉은 신호탄이 하늘로 솟아올라 구름을 넘어 하늘 끝에서 곡선을 그리며 사라졌다.

첸쉐썬은 수심이 깊어져 갔다. 보고에 따르면 탄체를 검사하는 동안 또 다른 문제가 발생했다는 것이다. 이대로라면 위성을 발사하는 데 심각한 방해가 있을 것이다.

긴급 수리!

한시도 지체할 수 없었다. 베이징과 연결된 전용 전화에서는 이곳의 상황을 반복해서 묻는 소리가 들려 왔다. 그리고 마오 주석과 저우 총리는 이곳의 모든 움직임을 주목하고 있었다. 전국의 인민을 실망시킬 수는 없다.

"작업을 정확하게 하세요. 당황하지 말고, 서두르지 말고 침착하고 신중하게요!"

붉은 신호탄과 흰 신호탄 각각 1개씩 다시 하늘에 쏘아 올렸다.

마지막 1분이었다.

첸쉐썬은 마음이 조마조마했다.

실험기기의 숫자가 빠르게 변하며 다양한 차트가 첸쉐썬 앞의 실험대에 펼쳐졌다. 하지만 첸쉐썬은 그것들을 볼 여유가 없었다. 그의 마음은 벌써 "동방홍1호(東方紅1號)"와 함께 마지막 승부를 준비하고 있기 때문이었다.

발사기지는 고요했고 수천 명의 사람들은 로켓 발사가 잘못될까 봐 숨을 죽이고 있었다.

쾅!

로켓은 발사대를 벗어나 하늘로 솟구쳤다. 불길이 발사대를 감쌌고 주황색의 공기는 지구 전체를 거의 태워버릴 것처럼 보였다.

"올라갔다! 올라갔다!"

사람들은 흥분을 억누를 수 없었다. 환호소리와 웃음소리가 점점 멀어지고 있는 로켓의 굉음을 압도했다.

그러나 첸쉐썬은 마음을 놓기엔 아직 이르다고 생각했다. 그는 <동방홍> 음악이 흘러나오기를 기다리고 있었던 것이다.

저녁 9시 50분에 중앙 방송국에서 "우리는 이미 <동방홍> 노래 신호를 받았습니다. 아주 뚜렷이 들립니다."라고 하는 전화가 걸려 왔다.

비로소 첸쉐썬은 기쁨을 억제할 수 없어 뜨거운 눈물을 흘렸다.

이런 행복은 워낙 어렵게 찾아온다. 어려운 형편, 열악한 환경, 여러 방면에서 오는 압력은 거의 첸쉐썬을 쓰러뜨릴 뻔했다. 그러나 국가와 민족을 향한 애국심은 이 불굴의 과학자가 쓰러지지 않도록 힘을 실어 주었다. 어둠이 지나고 나면 새벽이 오는 법이다. 이제 마침내 그는 성공의 날을 맞이했다.

한밤중에 첸쉐썬과 장잉은 조용히 침대에 누워 있었다. 라디오에서는 <동방홍> 음악이 경쾌하게 들려왔다. 장잉은 눈을 지그시 감고 평화로운 모습으로 이 음악을 듣고 있었다. 까만 머리카락에 반쯤 가려진 그녀의 아름다운 얼굴에 행복한 웃음꽃이 피어났다. 거의 50세가 되었지만 이 여성은 여전히 아름다운 풍채를 자랑하고 있었다. 물론 면도를 하고 머리카락을 손질한 첸쉐썬도 학자의 품격을 보여주고 있었다. 그들은 조용히 우주에서 전해 오는 소리를 들으면서 성공의 행복을 느끼고 있었다.

위성이 우주로 발사된 지 일주일이 지나 20세기 70년대 첫 번째 국제노동절을 맞이하게 되었다. 천안문 성루 위에는 사람들로 가득 찼다. 정중앙에는 만백성이 존경하는 마오 주석이 서 있었고 그의 옆에는 첸쉐썬이 서 있었다.

천안문 광장에는 하늘을 올려다보는 사람들로 붐비었다. 첸쉐썬은 그들이 노래를 부르는 그 별 즉 중국을 대표하는 위성을 찾고 있다고 생각했다. 첸쉐썬은 웃었다. 오랜 숙원이 마침내 이루어진 것이다. 정치적 혼란의 시대에 살고 있어도 조국에 헌신하고자 하는 그의 꿈은 그 누구도 막을 수 없었다.

제9장

그는 마치 새봄을 맞이한 고목처럼 새싹을 틔우고 가지를 뻗기 시작했다. 그는 자신의 가지를 조국의 방방곳곳으로 뻗어 나가게 하고 싶었고 봄빛으로 가득 물든 조국의 꽃동산을 구경하고 싶었다.

1. 붉은 석양

첸쉐썬은 자신이 일생 동안 받은 명예와 상장이 얼마나 되는지 모른다. 그의 아들 융강과 딸 융저언은 창고에 쌓인 상장들을 가리키며 아버지를 놀려 본 적이 있다.

"아빠는 전문적으로 상을 받는 사람이 된 것 같아요."

첸쉐썬은 자녀의 이런 말을 들을 때마다 눈을 가늘게 뜨며 다성하게 웃곤 했다.

"그것들은 모두 과거의 일이란다. 나에게는 필요 없지."

그는 적절한 시기에 아이들을 가르치곤 했다.

"명예와 상장은 한 시기의 끝자락을 대표할 뿐이지 현재나 미래가 아니거든."

세계적으로 유명한 이 과학자는 많은 명예를 얻었음에도 불구하고 멈추는 줄을 몰랐다. 그의 훤한 이마에는 항상 열정의 빛이 어려 있었다. 고령임에도 불구하고 그의 서재의 전등은 깊은 밤까지 켜져 있곤 했다.

첸쉐썬은 평생 독서와 신문 읽기를 좋아했다. 매일 아침 일어나자마자 그는 창가에 놓인 등나무 의자에 앉아서 따뜻하게 우려낸 차 한 잔과 함께 아침 신문을 흥미롭게 훑어보곤 했다. 특히 중요한 뉴스는 한 건도 빠뜨리지 않았다. 저녁에는 자신의 서재에서 학술적 가치가 있는 보도나 논문을 읽곤 했다.

그의 집에서 매년 구독하는 신문과 잡지는 작은 신문 가게를 열 수 있을 정도로 많았다. 첸쉐썬은 항상 이렇게 말하곤 했다.

"물질적인 생활은 적절한 멈춤이 필요하지만, 정신적인 생활은 절대로 적당히 멈추어서는 안 되는 것이오."

그의 서재에 들어서면 누구든지 책이 가득 찬 책장에 이끌리게 될 것이다. 책장들은 서재를 하나의 원형으로 만들었다. 창문을 제외하고는 빈 공간이 아예 없었다.

첸쉐썬은 소중한 많은 시간을 할애하여 수천 권의 책을 읽었다. 일하는 낮 시간 외의 모든 시간에 그는 책을 읽었다.

첸쉐썬은 또 다른 새로운 과학 즉 시스템 공학이라는 분야에 도전했다.

일찍 1960년대에 첸쉐썬은 이 기술을 주목하기 시작했다. 그가 미국을 떠날 때 미국에서는 이미 이 기술을 사용하기 시작했다. 그들은 이 기술을 북극성 미사일 잠수함 개발에 적용함으로써 생산 주기를 거의 3분의 1로 단축했다.

미국인들은 이 기술을 '계획 조정 기술'이라고 불렀다.

유감스럽게도 당시 중국의 사회 환경은 너무나 열악하였다. 특히 기세등등한 '문화대혁명' 운동이 일어났기 때문에 첸쉐썬은 마음을 가라앉히고 차분히 학문에 매진할 수 없었다.

드디어 1978년, 과학의 봄이 다시 한번 중국 대지에 찾아왔다. 그 해 첸쉐썬은 다시 한번 과학의 정상에 오르기 위해 도전하기로 했다.

그는 하루 8시간 근무제를 지켜본 적이 없다. 매일 밤늦게까지 일하고 아침 해가 뜨기 전에 일어나 책을 읽었다.

동시에 그는 다양한 보충 수업 특징을 띤 강의 활동에도 참여하였다. 그 중 일부 장소는 그의 거주지에서 자전거로 반 시간 이상 걸릴 정도로 멀었다. 첸쉐썬은 공무원 특별차량을 사용할 수 있었다. 그런데 당시 사회적 조건이 복잡한데다가 특별차량도 제한되어 있어 그는 항상 다른 이에게 양보했다. 그는 자신의 낡은 비둘기표 자전거를 타고 베이징의 거리 곳곳을 누볐다.

그는 최대한 일찍 일어나서 세수하고 아침을 먹은 후, 비둘기표 자전거를 타고 서둘러 밖으로 나갔다. 가끔 차가 막히면 그는 인파를 힘들게 뚫고 목적지로 향했다. 강의실에 도착할 때는 이미 땀범벅이 되어 있었다.

첸쉐썬은 휴식할 겨를도 없이 땀만 닦고는 바로 강의를 시작했다.

그의 이런 생활은 2년 이상 지속되었다. 그동안 그는 우수한 학생들을 많이 양성해냈다. 이 학생들은 나중에 교육 사업에 뛰어 들었다.

첸쉐썬은 자신의 시스템공학 연구에 몰두하여 많은 논문을 발표했다.

그의 사무실 벽에는 색깔이 선명한 '사과나무' 그림 한 장이 걸려 있었다. 첸쉐썬은 종종 진지하게 '사과나무'에 무엇인가를 그리거나 적거나 하였다. 처음에는 몇 개의 가지만 있던 '사과나무'가 점점 풍성해져 갔다.

이 "사과나무"는 첸쉐썬이 연구에 사용하는 마인드맵이었다. 그는 기술적 및 조직적 순서와 논리를 각각 이 사과나무에 표시한 다음 수학적 방법으로 분석하고 예측했다. 연구의 윤곽이 이 "사과나무"를 통해 매우 뚜렷이 드러났다.

첸쉐썬의 "사과나무"는 곧 연구소 직원들의 관심을 끌었다. 그들은 이 기적의 "사과나무"를 보기 위해 첸쉐썬의 사무실로 몰려들어 논평하고 질문했다. 첸쉐썬은 웃음 어린 눈으로 그의 학생들을 바라보면서 형용할 수 없는 위로를 느꼈다.

1970년대 중반, 그는 드디어 그의 공학프로젝트를 완성하였다.

부대에서 첸쉐썬은 젊은 병사들을 상대로 군대시스템관리학을 강의했다. 병사들은 바르고 곧게 앉아 눈을 크게 뜨고 귀 담아 그의 강의를 들었다. 위풍당당한 전사들이 수업에 열중하는 모습을 보고 첸쉐썬은 아주 기뻤다.

부대에 이어 그는 또 공장, 농촌, 학교를 차례로 찾아갔다. 그의 도움으로 많은 학교에서는 시스템공학과를 개설할 수 있었고 고품질 및 고수준의 관리 간부들을 양성해낼 수 있었다.

첸쉐썬은 그의 시스템공학으로 농민들이 부를 창조하는 데 도움을 주고 싶었다.

그는 먼저 업무 보고를 하고 그의 계획이 제6차 혁명이라고 하면서 곳곳에서 홍보하기 시작하였다.

사람들은 그의 계획을 이해하지 못했다. 그래도 첸쉐썬은 괜찮다고 생각했다. 그는 아예 산간지대로 들어갔다.

농가의 마당에서 첸쉐썬은 한편으로 농민들에게 과학기술을 설명하고, 다른 한편으로는 그들의 어려움을 조사했다. 산간지대의 농민들은 가난해서 나무와 풀로 만든 작은 초가집에 살고 있었다. 방 안에 있는 가구들은 가구라고 하기에는 너무 초라했다. 나무 몇 개를 한데 모아 놓은 것이 탁자이고 침대였다. 첸쉐썬은 농민들이 이렇게 가난한 것을 보고 자신의 결심을 더욱 굳혔다.

그는 온 산에 가득한 기이한 돌과 이상한 풀을 보고 풀과 나무를 심어야겠다고 생각했고, 산 아래의 연못을 보고 물고기와 새우를 키워야겠다고 생각했으며, 버려진 나무토막을 보고는 버섯을 재배해야겠다고 생각했다. 그의 머릿속은 온통 기발한 아이디어로 가득했다.

그는 자신의 생각을 농민들에게 말했고 농민들 또한 너무나 기뻐했다. 이런 아이디어를 왜 진작 생각하지 못했을까?

첸쉐썬의 지도하에 각 가구들은 모두 크고 이상한 우산을 하나씩 만들어 각자 집의 지붕 위에 두었다. 사람들은 그것으로 밥을 하고 물을 끓였는데 아주 편리하였다. 첸쉐썬은 이 우산을 태양로라고 불렀다. 태양로 덕분에 농민들은 이제 산에서 나무를 베어 올 필요가 없게 되었다. 모든 줄기, 풀, 나뭇잎은 사료로 가공하여 말과 당나귀에게 먹였다. 그리고 이런 가축의 배설물은 지렁이를 키우는 데 사용하며 지렁이는 또 물고기를 키우는 데 사용할 수 있었다. 이렇게 완벽하고 효율적인 생태환경이 형성된 것이다.

첸쉐썬은 자신의 설계에 대해 만족해하며 "이렇게 농업을 발전시킨다면 환경오염 문제를 근본적으로 해결할 수 있지 않을까요?"라고 자랑스럽게 말했다.

1984년, 그는 사막산업이라는 개념을 제안했다. 그는 또 다시 자신의 시스템공학 기술을 사막 관리에 적용시켜 보자는 관점을 내놓았다.

"일은 항상 시작이 있어야 하지요."

그는 여전히 빙그레 웃으며 겸손하게 말했지만 말 속에는 자신감이 배어 있었다. 그는 항상 이렇게 겸손했으며 겸손이란 미덕은 그의 일생을 동반하였다.

2. 진정한 행복

1982년, 사람들은 모두 베이징에서 열리는 전국 우수과학기술도서 시상대회를 학수고대했다. 수상작에는 첸쉐썬의 저서인 『엔지니어링 사이버네틱스론』도 포함되어 있기 때문이었다.

많은 사람들은 세계적인 과학자의 풍채를 보고자 설레는 마음으로 기다렸다. 하지만 첸쉐썬의 이름이 호명되었을 때 첸쉐썬은 보이지 않았다.

그는 왜 시상식에 참석하지 않았을까? 사람들은 의문을 품고 실망해서 돌아갔다.

사실 시상식이 있던 날, 첸쉐썬은 자신의 서재에서 조용히 아이들의 학습능력 양성과 관련된 서적을 읽고 있었다. 그는 책 속의 재미있는 이야기에 푹 빠져 아이들의 교육 문제를 탐구하고 있었던 것이다.

훗날 그에게 왜 수상하러 가지 않았느냐고 물었을 때, 첸쉐썬은 차분하게 이렇게 대답했다.

"그 책은 숭제엔(宋健) 동지가 편집한 것이므로, 영광은 그에게 돌아가야 합니다. 만약 내 이름을 꼭 넣어야 한다면 '원작: 첸쉐썬'이라고 표기해야겠지요."

겸손은 첸쉐썬의 일생을 동반했다. 모임에 참석할 때마다 그는 자신의 이름이 적힌 배지를 단 소박한 중산복을 착용하였으나 그의 학생들은 훈장을 가득 달고 나타나곤 하였다.

1989년 국제기술교류회의에서 첸쉐썬은 로크웰 주니어 트로피(John D. Rockwell Medal)와 세계적인 과학 및 공학 명인 칭호를 수상했다.

어느 한 좌담회에서 기자가 첸쉐썬에게 물었다.

"존경하는 첸 교수님, 국제 대상을 받게 되어 감격스럽습니까?"

첸쉐썬은 "아니요. 특별히 흥분한 것은 아닙니다."라고 하면서 자신의 인생에서 정말 감격스러운 일 세 가지를 이야기했다.

"첫 번째는 1955년, 제가 귀국할 수 있게 되어 저의 스승 폰 카르멘에게 작별 인사를 하러 갔을 때였죠. 그때 저는 저의 학술 저서 두 권을 스승님께 드렸어요. 스승님께서는 책을 받아 펼치고는 '자네는 지금 학문적으로 나를 능가하고 있다네.'라고 말씀하시면서 뿌듯해 하셨지요. 그때 스승님께서는 이미 74세가 된 노인이셨는데요. 그 말을 들은 저는 가슴이 뭉클하였습니다. 제가 20년 동안 분투한 목표가 마침내 실현되었구나, 전 세계적으로 이렇게 유명한 스승을 학문적으로 제쳤구나하고 생각하니 중국인으로서 정말 자랑스러웠지요. 두 번째는 1959년 중국공산당에 입당했을 때인데요. 그날 너무 설레서 잠을 잘 수가 없었습니다. 세 번째는 1991년 중국공산당 중앙조직부로부터 표창을 받았을 때이지요. 그때 레이펑(雷鋒), 자오위루(焦鬱碌), 왕진시(王進喜), 스라이허(史來賀), 첸쉐썬 이 다섯 명에게 우수 공산당원 칭호를 수여했습니다. 신중국 성립 40년 동안 인민들로부터 사랑과 믿음을 받았다고요. 저는 노동인민의 구성원으로 노동인민 중 가장 선진적인 그분들과 같이 그 영예를 누릴 수 있었습니다. 정말 감격스러웠지요. 저는 다만 이 세상의 한 생명일 뿐입니다. 모든 공로는 인민에게 속하며 모든 영예는 조국에 돌립니다."

한 외국 기자는 이렇게 물었다.

"중국 유학생들의 해외 체류 문제를 어떻게 생각하십니까?"

이 질문을 듣고 첸쉐썬은 웃었다.

"기자님의 질문은 인재 유출과 관련된 것인데요. 중국 유학생들의 해외 체류 현상은 두렵지 않습니다. 현재 우리나라는 아직 가난하고 조건이 선진국에 비해 상대적으로 열악합니다. 지금 그들이 귀국해 봤자 과학자의 역할을 제대로 발휘하지 못할 것입니다. 장차 우리나라의 연구 조건이 나아지게 된다면 그들은 반드시 돌아올 것입니다. 저는 믿습니다. 왜냐하면 그들은 바로 첸쉐썬이기 때문이지요. 첸쉐썬은 꼭 돌아올 것이잖아요."

조국을 위해 평생을 일한 이 연로한 과학자는 말년에도 여전히 석양 중 가장 찬란한 노을처럼 매력적인 빛과 열을 발산하고 있었다. 훤한 이마에 세월의 흔적이 남아 있었지만 그 붉은 얼굴, 온화한 웃음은 여전히 그의 위대한 업적을 떠올리게 한다.

해가 뜨고 새로운 하루가 시작되면 우리의 경애하는 주인공--첸쉐썬은 또 하루 일과를 시작할 것이다.

첸쉐썬은 "중국의 우주사업 성과는 전 국민의 지지와 4만 명의 근면한 노동으로 이루어진 것이지요. 특히 당과 국가의 올바른 지도가 없었다면 정말 동화 이야기로 끝날 뻔 했어요. 저는 개인적으로 단지 그 기회를 만나 일을 조금 했을 뿐입니다. 죄책감이 들기도 하죠."라고 말했다.

얼마나 겸손하신 분인가? 곡식은 익을수록 고개를 숙인다고 첸쉐썬은 심장이 멈출 때까지 겸손하게 더 높고 더 먼 목표를 향해 끊임없이 매진했다.

2009년 10월 31일, 중국 인민의 위대한 아들 첸쉐썬은 생을 마감했다. 하지만 그의 과학사업은 끝나지 않았다. 더 많은 젊은 학생들이 그의 손에서 바통을 이어받아 중국을 보다 번영하고 부강한 나라로 건설하기 위해 끊임없이 과학의 최고봉을 향해 달리고 있다.

첸쉐썬이라는 이름을 중국 인민들은 영원히 기억할 것이다.

지은이 둥쑤핑童苏平
싱웨이웨이邢妮妮

옮긴이 신선옥申先玉 장문등张文腾 이청신李清新 외

10대 중국 과학자 총서
十大中國科學家叢書

첸쉐썬 전기
錢學森傳

초판 인쇄 2025년 6월 16일
초판 발행 2025년 6월 27일

지 은 이 둥쑤핑童苏平 싱웨이웨이邢妮妮
옮 긴 이 신선옥申先玉 장문등张文腾 이청신李清新 외
펴 낸 이 이대현
펴 낸 곳 도서출판 역락

편　　집 이태곤 권분옥 임애정 강윤경
디 자 인 안혜진 최선주 강보민
마 케 팅 박태훈

펴 낸 곳 도서출판 역락 / 서울시 서초구 동광로46길 6-6 문창빌딩 2층(우06589)
전　　화 02-3409-2058 FAX 02-3409-2059
이 메 일 youkrack@hanmail.net
홈페이지 www.youkrackbooks.com
등　　록 1999년 4월 19일 제303-2002-000014호

ISBN 979-11-7396-108-3 03990

* 정가는 뒤표지에 있습니다.
* 이 책의 판권은 지은이와 도서출판 역락에 있습니다. 서면 동의 없는 무단 전재 및 무단 복제를 금합니다.
* 잘못된 책은 바꿔 드립니다.